Sebastian Rose

ABENTEUER AM HAKEN!

ANGELN LERNEN MIT DEM PROFI

So geht das! Das Angelbuch für Kids, Nachwuchsangler und Einsteiger
Band 1 - Angeln im Süßwasser

Für Mattes und Milan.

North Guiding.com
fishing guides

Zeichnungen von:
Coco Zillmann auf S. 33, S. 40-41, S. 46-47, S. 52-53, S. 64-65, S. 72-73, S. 142.
Michael Zeman auf S. 134-135, S. 137, Niels Vestergaard auf S. 143, mostwest – Fotolia.com
auf S. 156-157, Elemente: daveturton, rorat, Big_Ryan - istockphoto.com

Konzeptionierung, Design & Satz: Coco Zillmann (pixel-pixel.com)
Herstellung: Satz · Zeichen · Buch, Hamburg
Gedruckt in der EU

INHALT

Zwei Drittel der Oberfläche unseres Planeten bestehen aus Wasser. Wenn ihr drei Bonbons nebeneinander legt, wären davon zwei Wasser und einer Festland. Die meiste Wasserfläche besteht dabei aus Salzwasser, etwas mehr als eineinhalb Bonbons. In diesem Buch interessiert uns der letzte fast halbe Bonbon: das Süßwasser. Die tiefste Stelle im süßen Nass bietet der Baikalsee mit 1642 Metern. Er ist so tief wie die lange Seite von 16 Fußballfeldern hintereinander gelegt. Die größte Fläche im Süßwasser mit 386.400 Quadratkilometern hat das Kaspische Meer. Das ist die Fläche von über einer halben Million kompletter Fußballfelder!

Süßwasser ist für viele Tiere, Pflanzen überlebenswichtig. Einige Lebewesen sind dabei so klein, dass wir sie mit dem bloßen Auge gar nicht sehen können. Klar, Fische brauchen Süßwasser zum Schwimmen und Atmen so wie wir Menschen zum Trinken. In diesem Buch werden wir uns mit den im Süßwasser lebenden Fischarten genauer beschäftigen. Wie fange ich einen Karpfen oder einen Barsch und wo lebt eigentlich ein Hecht? Nur einige Fragen von vielen, die in diesem Buch anschaulich und leicht verständlich beschrieben werden. Besonders Angelanfängern wird dardurch ein detaillierter Einblick in die wunderbare Welt unter der Wasseroberfläche geboten.
Welche Jahreszeit und welches Wetter sind ausschlaggebend für einen guten Fang? Was für Köder fressen welche Fische und in welcher Wassertiefe? Auch solche Fragen werden anhand von jahrelanger Erfahrung am Wasser beschrieben, um allen Junganglern die Möglichkeit zu bieten, schon sehr bald selbstständig am Wasser zu punkten.
Mit der Angelrute am Wasser sind neben Fischen, die auf unsere Angelköder beißen, auch eine ganze Menge anderer Naturerlebnisse zu beobachten. Der kleine buntgefärbte Eisvogel lässt sich aus der Höhe senkrecht zum Wasser fallen und schießt mit seinem spitzen Schnabel weit unter die Wasseroberfläche, um kleine Fische zu erbeuten. Die heimische Ringelnatter ist eine ungiftige Schlangenart. Die bis zu einen Meter langen Reptilien sind gute Schwimmer und können in der warmen Jahreszeit beim Jagen nach Fröschen und Fischen bestaunt werden. Letztendlich versuche ich mit diesem Buch, Kinder, Jugendliche und Erwachsene genau dort abzuholen, wo sie oft sein sollten: am Wasser.

Für einen guten Fang am Wasser sind einige Sachen zu beachten und im Vorfelde zu planen.

In unseren heimischen Gewässern leben eine ganze Menge unterschiedlicher Fische. Da ist es oft nicht einfach, heraus zu finden, was denn angebissen hat. Selbst viele Erwachsene tun sich mit einer genauen Artenbestimmung schwer. Damit du den Durchblick erhältst und einigen „Großen" noch etwas erklären kannst, folgen in diesem Kapitel Beschreibungen von den wichtigsten zwanzig Fischarten, die du im Süßwasser an den Haken bekommen kannst. Vorweg kannst du die Arten in zwei Gruppen aufteilen, die Raubfische und die Friedfische.

GESTATTEN: VOLLBLUTRÄUBER

Raubfische sind, wie ihr Name schon verrät, in unseren Gewässern auf Beutezug. Die ersehnte Beute besteht dabei aber nicht aus Gold oder Edelsteinen, sondern vielmehr aus kleineren Fischen, Flusskrebsen, Fröschen und einigem mehr. Ebenfalls besitzen Raubfische auch keine Pistolen, Schwerter oder Pfeil und Bogen, um sich ihrer Beute zu bemächtigen. Die Räuber unter Wasser nutzen für einen gelungenen Beutezug ihre oft sehr spitzen Zähne, einen starken Kiefer oder einen kräftigen Körper. Genau mit diesen „Waffen" können Raubfische ihre Beute packen, festhalten und dann „Guten Appetit".

DIE TOP 10 UNTER DEN RÄUBERN

Die folgende Favoritenliste gibt euch Einblick rund um die Räuber im Süßwasser. Beim genauen Lesen werdet ihr wahrscheinlich schon die eine oder andere Vorliebe entdecken und anhand eures Haus- oder Urlaubsgewässern gezielt Informationen herausfischen können. Auf die richtige Angelausrüstung, die besten Ködern und genaue Fangplätze gehe ich in den anderen Kapiteln genauer ein.

Tolle Stimmung am Gewässer, die Angel ist ausgelegt. Was jetzt alles beißen kann?

STECKBRIEF

HECHT

DER BEKANNTESTE RÄUBER

Den hohen Bekanntheitsgrad verdient dieser gierige Räuber wohl auch durch einige deutsche Sprichwörter. „Was bist du für ein toller Hecht" und „Es zieht wie Hechtsuppe" lassen immerhin darauf schließen, dass Hechte coole Fische sind und auch noch gegessen werden können.

Der kräftige langgestreckte Körper ist bis auf den Kopf mit Schuppen besetzt. Der Rücken ist braungrünlich gefärbt und wird über die Flanken heller, mit gelblichen Flecken. Die Bauchseite ist weiß gelblich. Die Rückenflosse befindet sich beim Hecht sehr weit hinten über der Afterflosse, kurz vor der Schwanzflosse. Das lange abgeflachte Maul erinnert an einen Entenschnabel; aber Vorsicht, auf den Kiefern befinden sich zahlreiche spitze und äußerst scharfe Zähne.

Greift nie einem Hecht mit der Hand ins Maul. Um den Köder zu lösen, benutze dafür immer eine Zange. Damit schützt du dich vor schmerzhaften Verletzungen. Hechte können in unseren Gewässern mit einer maximalen Länge von 1,40 Metern bis über 20 Kilo schwer werden, dass entspricht etwa dem essbaren Teil von 1.000 Überraschungseiern. Gewöhnlich wiegen Hechte jedoch um die drei Kilo und sind in fast jedem Süßwasser aber auch im Brackwasser (Gemisch aus Süß- und Salzwasser) anzutreffen. Hechte laichen von März bis April in flachen Wasserzonen. Dabei wird das viel größere Hechtmädel von vielen und viel kleineren Hechtjungs umworben, was schon mal für den einen oder anderen Liebesbiss sorgen kann. In den meisten Gewässern sind Hechte vom 01. Januar bis zum 30. April geschont (Angelverbot) und unterliegen einem Mindestmaß um die 60 Zentimeter (je nach Gewässer und Angelverein leichte Abweichungen möglich).
In der „Anglersprache" wird von Hechten auch als „Süßwasserkrokodilen" gesprochen, weil die Fische sehr kräftig sind und blitzschnell aus einem Versteck herausschießen können, um Beute zu machen. Hechte sind gute Augenjäger und vorwiegend am Tag zu fangen. Gute Fangaussichten bestehen nach der Schonzeit im Frühjahr bis in den späten Herbst hinein.

STECKBRIEF
BARSCH

DER MEIST VERTRETENE RÄUBER

Nicht umsonst will der kleine Kater Findus mit Petersen in Sven Nordqvists tollen Kinderbüchern ans Wasser zum Angeln.

Auf Grund des hohen Vorkommens von Barschen in fast jedem Gewässer stehen die Fische bei vielen Junganglern und auch Cartoonkatzen ganz oben mit auf der Fangliste. Hast du einen Schwarm Barsche gefunden, beißen oft gleich mehrere hintereinander. Du kannst unvergessliche Barschtage erleben und deine Familie mit einem leckeren Abendessen beglücken. In den warmen Monaten geht das auch am Stock gegrillt über dem Lagerfeuer. Eigentlich ganz korrekt ausgedrückt handelt es sich bei dem beschriebenen Fisch um einen Flussbarsch, denn Barsche gibt es in vielen unterschiedlichen Größen, Formen und Farben, über die ganze Welt verteilt. Da ihr nun aber Bescheid wisst, belasse ich es in weiteren Ausführungen bei Barsch. Anhand des hochrückigen Körpers, der roten Bauch-, After- und Schwanzflossen sowie der zwei Rückenflossen, von denen die erste mit bis zu 17 Stachelstrahlen versehen ist und am Ende einen schwarzen Fleck aufweist, könnt ihr Barsche schnell von anderen Fischen unterscheiden. Wer sich nicht ganz sicher ist kann über die auffällige Farbgebung alles klar machen. Barsche sind am Rücken dunkel olivgrün gefärbt, zu der Seitenlinie bis an die Bauchpartie wird das Grün heller und von schwarzen Querbändern durchzogen. Die Bauchseite ist fast weiß. Die gesamte Partie hinter dem Kopf ist mit kleinen Kammschuppen besetzt. Barsche haben Stacheln auf den Kiemendeckel, nicht giftig; aber seit trotzdem vorsichtig, um euch nicht unnötig zu piksen. Bei einer maximalen Länge von 50+ Zentimetern bringen Barsche bis zu 3,5 Kilo auf die Waage, wobei das sehr alte Fische (mindestens 20 Jahre) und wirklich auch Ausnahmefänge sind. Für die Küche und als kampfstarker Sportfisch sind Barsche um die 30 Zentimeter erste Sahne. Barsche mögen auch gern brackiges Wasser (Süß-/ Salzwassergemisch) und machen sogar Ausflüge in die Ostsee. Barsche laichen von März bis Juni, es gibt keine Schonzeiten (Fangverbot) und in den meisten Gewässern auch kein Mindestmaß. Barsche sind vorwiegend Augenjäger und werden am Tag gefangen. Die beste Angelzeit erstreckt sich vom späten Frühjahr bis zum späten Herbst. Kleine Barsche sind gute Köderfische zum Hecht-, Zander- und Aalangeln. Auch Großbarsche hegen einen regen Appetit für die eigene Brut. Einen kleinen Angelspruch habe ich noch zum Schluss „Ist der erste Fisch ein Barsch, ist der Angeltag im ...", erzählt das aber bitte nicht euren Eltern.

© Marcel Wiebeck

STECKBRIEF
ZANDER

DER EDELRÄUBER
Eindeutig der größte Stachelritter im Süßwasser. Darüber hinaus beliebt bei zahlreichen Sportfreunden. Zicke und Zander haben allerdings nicht nur den gleichen Anfangsbuchstaben,sondern sind auch ähnlich drauf. Besonders selten sind Zander nicht unbedingt in unseren Gewässern, aber dafür oft doppelt so schwer zu fangen.

Viele Experten angeln in den großen Strömen, wo leider die Wasserqualität durch unsere Industrie oft nicht so toll ist. Aus solchen Gewässern sollten wir nur eine kleine Menge an dem eigentlich edlen Zanderfilet essen. Ich kann mich dabei noch ganz gut an einen Skandal erinnern, wo auf einem Wochenmarkt in Hamburgs Eppendorf das teure Zanderfleisch angeboten wurde. Das „edle" Filet kam dabei mitten aus dem Hamburger Elbhafen, lecker. Es gibt natürlich auch eine ganze Menge an Gewässern mit guter Wasserqualität. Erkundigt euch deshalb im Vorfelde über die Qualität eurer Haus- oder Urlaubsgewässer, denn wir wollen als Angler ja auch Fisch mit nach Hause bringen, den wir essen können. Zander können locker bis über einen Meter lang werden und erreichen dann Gewichte von mehr als 13 Kilogramm. In der Regel sind die meisten gefangenen Fische so um die zwei bis drei Kilo schwer. Der Körper ist langgestreckt, mit Schuppen besetzt und die Färbung am Rücken dunkelgrau bis grün, an den Flanken bis zur Seitenlinie deutlich heller werdend. Unterhalb der Seitenlinie sind bis auf einige dunkelgraue bis schwarze Querbänder die Flanken, wie auch die Bauchpartie silbern bis weiß. Zander besitzen am Unter- und Oberkiefer jeweils zwei Reißzähne, ähnlich wie bei einem Wolfsgebiss und deshalb auch „Hundszähne" genannt werden. Wie bei den Barschen haben Zander zwei Rückenflossen, von denen die erste mit mindestens 15 Stachelstrahlen besetzt ist. Völlig anders als beim Barsch fehlen die Stacheln auf den Kiemendeckeln. Zander laichen von April bis Juni und werden deshalb in vielen Gewässern in der Zeit geschont. Zusätzlich gibt es ein Mindestmaß für Zander, um die 50 Zentimeter (je nach Angelverein leichte Abweichungen). Zander jagen mit den Augen am Tage und in der Nacht, stehen aber auch auf natürliche Düfte. Die beste Angelzeit liegt im Frühjahr und Herbst. Zum Abschluss ein kleiner Zungenbrecher: „Zehn zeitige Zander ziehen zickig zu zwanzig Zwerggrundeln zum Zubeißen."

STECKBRIEF
AAL

DIE „SCHLANGE" IM SÜSSWASSER

Aale begeistern schon seit eh und je Angler und auch Meeresforscher. Seine Biologie ist dabei wirklich spannend. Denn der fachlich korrekt bezeichnete Europäische Flussaal ist ein echter Marathonschwimmer. Das Besondere beim Aal ist, das die erwachsenen Fische sich alle an dergleichen Stelle zum Laichen treffen. Und das ist die Sargassosee, ein Meeresgebiet, das östlich von Florida in den USA liegt. Die ganz kleinen Aale sind anfangs nur wenige Millimeter lang und wandern etwa ein Jahr von der Sargassosee durch den Atlantik. Die europäischen Gewässer erreichen die jungen Aale als sogenannte Glasaale und sind dann bereits einige Zentimeter lang.In Flüssen und Seen bleiben die Fische dann solange, bis sie als ausgewachsene Aale die Strecke ein zweites Mal zurück legen. Insgesamt legen die Fische dabei über 8.000 Kilometer in Salz- und Süßwasser zurück. Das ist etwa einmal von Norwegens Nordkap bis zum Kongo in Afrika, der am Äquator liegt. Beeindruckend, wenn du dir den Weg mal auf einem Globus ansiehst.Wie der Aal dabei die Laichgründe in der Sargassosee erreicht ist trotz vielen Forschungen noch sehr rätselhaft. Wissenschaftler fanden lediglich einen ausgewachsenen Aal im Magen eines verendeten Pottwals und gehen daher davon aus, dass die Aale in sehr tiefen Wasserschichten in ihr Laichgebiet ziehen. Es wird vermutet, dass Aale nach dem Laichgeschäft sterben. Fische wie der Aal, die vom Süßwasser ins Salzwasser zum Laichen ziehen, werden als katadrome Wanderfische bezeichnet. Aale können mit einer maximalen Länge von 1,5 Metern bis zu sechs Kilo wiegen. Dabei handelt es sich immer um Weibchen, denn männliche Aale schaffen es gerade einmal bis ca. 60 Zentimeter. Die Fische haben einen langgestreckten, schlanken und schleimigen Körper. Die lange Rücken- und Afterflosse ist mit der kleinen Schwanzflosse verwachsen. Die Bauchflossen fehlen beim Aal. Der Rücken ist schwarzblau bis grünlich und ab der Seitenlinie bis zur Bauchseite gelblich bis weiß. Das Mindestmaß in unseren Gewässern liegt um die 45 Zentimeter (je nach Angelverein leichte Abweichungen). In Baden-Württemberg, Norwegen und Holland besteht ein absolutes Fangverbot. Nehmt euch vor Aalblut in Acht! Gelangt davon etwas in einen Ratscher oder eine Wunde auf eurer Haut, führt dies oft zu fiesen Entzündungen. Aale werden vorwiegend in der Nacht gefangen und finden ihre Nahrung durch ihren sehr guten Geruchssinn. Geräuchert, eingelegt oder gebraten ist das Fleisch bei uns sehr beliebt. Gute Fangaussichten bestehen von April bis Oktober.

STECKBRIEF
WELS

DER URIGSTE RAUB-FISCH

Der Gigant in unserem heimischen Süßwasser mit Längen bis zu drei Metern - das sind etwa 43 Kinderschokoriegel hintereinander. Mit Gewichten bis über 150 Kilo ist der Wels auch gleich der größte, im Süßwasser lebende Raubfisch. Welse, in einigen Gebieten auch als Waller bezeichnet, besitzen ein riesiges Maul und verschlingen neben Fischen auch gern einmal einen Wasservogel oder kleine Säugetiere. Es gab schon „Ungetüme", die in Flachwasserzonen kleine Hunde beim Baden attackiert haben. Vor uns Menschen nehmen die Giganten allerdings Reißaus. Welse sind sehr beliebte Sportfische, die Anglern einiges an Kraft abfordern. Wenn ihr einen gezielten Ansitz auf diese urigen Fische unternehmt, solltet ihr möglichst mindestens zu zweit am Gewässer sein. Welse haben einen bulligen breiten Kopf und einen langgestreckten Körper, der zum Ende schmaler wird. Der schuppenlose, leicht schleimige Körper ist auf dem Rücken dunkel braungrau bis schwarz und wird über die Seitenlinie an den Flanken heller, bräunlich bis grünlich, mit einer wolkenartigen Marmorierung. Die Bauchseite ist weißlich, manchmal auch leicht rötlich. Die Fische haben eine sehr kleine Rückenflosse, große kräftige Brustflossen, kleine Bauchflossen und eine ausgeprägte Afterflosse, die bis kurz vor die Schwanzflosse verläuft. Auffallend bei einem Wels sind die sechs Barteln. Zwei extrem lange und bewegliche Barteln befinden sich am Oberkiefer vor den kleinen Augen. Vier weitere kürzere Barteln sitzen am Kinn. Welse haben gut entwickelten Nasenöffnungen und einen hervorragenden Geruchssinn. Die Laichzeit erstreckt sich von Mai bis Juli. Mit einen Alter bis zu 100 Jahren haben ausgewachsene Welse ganz schön was auf dem Buckel. Das Fleisch von derart alten Fischen ist aber für die Küche nicht mehr geeignet. Am besten schmeckt Welsfilet von Fischen um einen Meter. Das Mindestmaß liegt bei 70 Zentimetern (je nach Angelverein leichte Abweichungen). Welse fressen gern in der Dämmerung und während der Dunkelheit, sind aber auch am Tage auf Raubzug. Angelprofis nutzen zum gezielten Fang gern ein Wallerholz. Das Unterarm lange, leicht gebogene Holz hat am oberen Ende eine Vertiefung, die beim richtigen Einschlagen an der Wasseroberfläche ein saugendes „Pop"-Geräusch erzeugt. Welse verlassen bei dem Sound oft ihre Unterstände und attackieren unsere Köder. Die beste Angelzeit liegt in den Sommer- und Herbstmonaten.

STECKBRIEF
RAPFEN

EIN ZAHNLOSER, ABER KNALLHARTE JÄGER

Einer der wenigen Räuber ohne Beißerchen. Das gleicht der Rapfen allerdings mit seiner brutalen Jagdmethode wieder aus. Wenn schon ohne Zähne zum Jagen verdonnert, dann am besten die kleinen Futterfische gleich erschlagen, ist sein Motto. Dazu hat der Räuber eine einfache, aber auch Kraft anstrengende Technik gewählt. In möglichst starker Strömung drängt der Rapfen Kleinfischschwärme an die Oberfläche, um dann mit seinem torpedoförmigen Körper durch Sprünge und Schwanzschlägen die Beute zu betäuben oder gar gleich zu erlegen. Haltet daher die Augen am Gewässer auf, denn Rapfen verraten sich durch lautes Klatschen an der Wasseroberfläche. Oft jagen die Fische auch in kleinen Trupps. Habt ihr einen Fisch gefangen, könnt ihr fast mit Sicherheit davon ausgehen, dass weitere in Wurfweite sind. Rapfen sind starke Kämpfer und sehr beliebte Sportfische. In der Küche geben sie allerdings eine eher schlechte Vorstellung. Die vielen Y-Gräten im Muskelfleisch führen dazu, dass man das Fleisch erst kochen sollte, um es dann noch einmal durch einen Fleischwolf zu drehen. Dann können wir hieraus Bouletten formen, um sie dann zu braten.

Auch Rapfen fangen mal klein an. Da stehen noch keine Fische auf ihrer Speisekarte. In der Kinderstube haben Rapfen eine Vorliebe für Brot, Maden und Würmer. Mit der Jugendzeit kommt dann allerdings doch der Jagdtrieb durch. Vom Erscheinungsbild her werden Rapfen oft mit Friedfischen verwechselt. Der dunkle, schwarzgraue Rücken wird an den Flanken schnell von einer silbernen Färbung abgelöst. Dabei ist der gesamte Körper mit Schuppen besetzt und ähnelt denen vieler Friedfische. Rapfen können bei einer maximalen Länge von einem Meter Gewichte bis über zehn Kilogramm erreichen. Die Laichzeit der Fische geht von April bis Juni. Das Männchen bekommt in dieser Zeit einen Laichausschlag, den ihr durch viele Pickel um den Kopfbereich herum erkennt. Rapfen sind knallharte Augenjäger und werden fast nur bei Tageslicht gefangen. Die Fische sind am besten im Sommer und Herbst zu überlisten.

© Daniel Luther

STECKBRIEF
QUAPPE

DER DORSCHVER-WANDTE IM SÜSS-WASSER

Vom Aussehen her ähnelt der einzige mit den Dorschen verwandte Süßwasserfisch eher einem Wels im Miniformat. Quappen, auch Rutten genannt, leben in Flüssen und Bächen mit viel Strömung und in einigen Seen mit Zuflüssen. Ein bekannter Quappen-Fluss ist die Oder. Dort werden im Winter viele Quappen gefangen.

Wenn du eine Quappe fangen möchtest, solltest du dich aber sehr warm anziehen, denn die Fische beißen vorwiegend in den Spätherbst- und Wintermonaten und dann auch erst ab der Dämmerung. In den skandinavischen Ländern werden richtig große Quappen bis über acht Kilo in den ersten Wintermonaten beim Eisangeln gefangen. In unseren heimischen Gewässern erreichen Quappen Gewichte bis maxima drei Kilo. Meistens wiegen die Fische zwischen 0,4 und einem Kilo. Die in der Küche sehr willkommenen Fische geben auch an der Angelrute einiges her. Quappen lieben eine gute Deckung am Grund, daher solltest du immer Stellen mit Steinen und anderen Unterständen in der Nähe suchen. Erwischen die Räuber in der Dämmerung oder Dunkelheit einen Wurm, kleinen Grundfisch oder Krebs, wird dieser mit dem starken Kiefer gepackt und selten wieder losgelassen. Quappen erkennt ihr an einem langgestreckten, braunschwarz und gelb marmorierten Körper. Der Bauch ist dabei deutlich heller. Von den zwei Rückenflossen ist die erste klein und die zweite reicht von der Mitte des Körpers bis kurz vor die abgerundete Schwanzflosse. Auffallend bei Quappen ist die sehr lange Afterflosse. Am Kinn trägt der nächtliche Räuber eine lange Bartel. Zwei weitere, sehr kurze Barteln, befinden sich direkt hinter den gut ausgeprägten Nasenöffnungen. Die Fische laichen von November bis März. Quappenangeln ist anhand der kühlen Temperaturen oft eine richtige Herausforderung. Bei einer Sitzung am Gewässer im Dunkeln solltet ihr sicherheitshalber immer mindestens zu zweit sein.

STECKBRIEF BACHFORELLE

DIE SCHÖNHEIT

„Die Schöne und das Biest" ist ein bekanntes Kindermärchen. Würden wir die Rollen im Märchen auf unser Hobby verlegen, wäre die Bachforelle mit ihrem beeindruckend schwarz und rot getupften goldig silbernen Kleid eindeutig die Schöne und wir Menschen leider das Biest. Bachforellen wurde durch Begradigung vieler Bäche und Flüsse, Überdüngung durch die Landwirtschaft und anderen Umwelteinflüssen aus vielen ihrer eigentlich natürlichen Gewässer verdrängt. Bachforellen brauchen klares und sauberes Wasser zum Überleben. In den letzten Jahren wurden durch Angelvereine und Naturschutzverbände zum Glück wieder eine ganze Menge begradigter Bach- und kleinerer Flussläufe renaturiert, also in ihre ursprüngliche Form gebracht. Überdüngung durch Landwirtschaft und Verschmutzung durch Abwässer werden immer stärker kontrolliert. Das finden die Bachforellen gut und schwimmen daher wieder vermehrt in Bächen, Flüssen und Seen.

An hellen Tagen stehen die Forellen gern in Deckung unter überhängenden Bäumen und Büschen oder unter Steinen. Dafür sind Bachforellen am Morgen und Abend umso aktiver und schwimmen als sehr gute Augenjäger ihrer Beute entgegen. Als Nahrung stehen Insekten, kleine Schalentiere und Fische auf der Speisekarte. Ihr könnt Bachforellen ab dem späten Frühjahr bis in den Herbst hinein beim Jagen nach Insekten an der Wasseroberfläche beobachten. Die Fische springen auch hoch aus dem Wasser, um einen Leckerbissen aus der Luft zu schnappen. Solch ein atemberaubendes Erlebnis werdet ihr nicht mehr vergessen. Bachforellen erkennt ihr an einem oliv bis schwarzbraunen Rücken, zur Seitenlinie silbrig und goldig und bis zum Bauch weißlich werdend, an den Seiten zahlreiche schwarze und rote Flecken. Wie bei allen forellenartigen Fischen, haben Bachforellen eine Fettflosse auf dem Rücken nahe der Schwanzwurzel. Fische mit einer Fettflosse werden auch als Salmoniden bezeichnet. Die Laichzeit geht von Oktober bis Januar. Mit einer maximalen Länge von 80 Zentimeter können ausgewachsene Bachforellen bis zu acht Kilo wiegen. Das sind allerdings echte Ausnahmefänge. Die meisten Bachforellen wiegen zwischen 0,25 und 1,5 Kilo. In den aussichtsreichen Gewässern bestehen unterschiedliche Mindestmaße, Fangbegrenzungen und Schonzeiten. Informiert euch daher unbedingt bei einem lokalen Angelfachgeschäft vor dem Fischen. Die beste Angelzeit liegt von April bis September.

© Daniel Luther

DIE KÖNIGIN

Wie das bei Königinnen so ist: sie sind schwierig zu finden, schwer zu erobern und zickig sind sie oft auch noch. Auch die Seeforellen machen da keine Ausnahme. Und wie das bei Königinnen weiter so ist, brauchen Seeforellen auch ein großes Reich. Tiefe, klare, große und saubere Seen sind da gerade mal recht und absolut angesagt, um das Zepter in den Flossen zu halten. Dabei wird in allen Tiefen regiert, denn Seeforellen stehen gern in den kühlen Wasserschichten. Im Frühjahr könnt ihr auch vom Land aus mit guten Fischen rechnen. Ab dem Sommer mit wärmeren Temperaturen zieht es die Seeforellen weiter hinaus in die tiefen Seeabschnitte. Dort werden sie ausschließlich vom Boot aus gefangen. Die einzige Möglichkeit, im Sommer vom Ufer zu punkten, ist die Dämmerung und Nachtzeit. Dann sind Seeforellen häufiger auf Raubzug in den flacheren Uferzonen unterwegs. Im Herbst, mit fallenden Wassertemperaturen stehen die Chancen vom Ufer aus dann deutlich besser. Ähnlich wie die ägyptische Königin Kleopatra haben Seeforellen auch das gewisse Extra, wobei das bestimmt nicht die Nase ist! Vielmehr der starke, torpedoförmige Körper in einem Kleid aus Silber, besetzt mit vielen punktförmigen, kleinen schwarzen Rubinen gibt der Seeforelle ihre königliche Gestalt. Der deutsche Rekord liegt bei fast schon unglaublichen 21 Kilo. Dieser Rekord liegt allerdings schon ein paar Jahrzehnte zurück. Im Schnitt wiegen die gefangenen Seeforellen bei einer Länge von 0,4 bis einem Meter zwischen ein und zehn Kilo. Seeforellen laichen von September bis Dezember und steigen dazu in die Zuflüsse ihres Königreichs auf. Halbstarke und ausgewachsene Fische fressen neben kleinen Fischen und Insekten auch viele Krebse. Das sorgt für ein zartes, rosafarbenes Fleisch, das in der Küche ganz oben mit auf den Wunschzettel steht. Seeforellen haben wie alle Salmoniden eine kleine Fettflosse auf dem Rücken kurz vor der Schwanzflosse. Das Mindestmaß, Schonzeiten und Fangbegrenzungen sind vom Gewässer abhängig und oft sehr unterschiedlich. Informiert euch deshalb unbedingt in einem lokalen Angelfachgeschäft oder -verein. Die beste Zeit, eine Königin an den Haken zu bekommen, besteht von April bis September.

STECKBRIEF
ÄSCHE

DIE FESCHE

Ein weiterer forellenartiger Fisch in unseren Gewässern. Nach ihr wurde sogar eine der fünf Leitfischregionen eines Flusses benannt, die sogenannte Äschenregion. Daraus kannst du schließen, dass Äschen heimische Fische sind, auch autochthone Fische genannt. Ähnlich wie die Bachforellen, bevorzugen Äschen klares sauberes Wasser und sind vorwiegend in Bächen, Flüssen und Bergseen zu fangen. Ganz anders als bei einer Bachforelle, sucht eine Äsche bei Gefahr kein Versteck unter Steinen oder überhängenden Zweigen und ist damit oft Beute ihrer Feinde, wie beispielsweise von Kormoranen. Ist die Äsche selber auf Beutezug werden vor allem Insekten und kleine Schalentiere gefressen. Größere Äschen haben schon mal Appetit auf einen kleinen Fisch.

Du kannst eine Äsche leicht an ihrer auffälligen „Fahne" erkennen. Damit ist natürlich nicht das Vereinswappen des örtlichen Fußballclubs gemeint, denn Äschen haben eine sehr hübsche und große Rückenflosse, die viele Angler als Fahne oder Finne bezeichnen. Weitere Merkmale sind der kleine Kopf mit einem langgestreckten Körper. Der Rücken ist graugrün, an den Seiten silbrig und zum Bauch hin weißlich werdend. Wie alle forellenartigen Fische haben Äschen auf ihren Rücken dicht vor der Schwanzflosse eine kleine Fettflosse. Im Gegensatz zu Bach- und Seeforellen sind die Schuppen der Äsche deutlich größer. Die Laichzeit reicht je nach Gewässer von März bis Mai und die beste Fangzeit von Juni bis November. Äschen können bei einer maximalen Länge von 60 Zentimetern bis drei Kilo schwer werden. Die meisten Fische wiegen allerdings bei Längen zwischen 25 und 45 Zentimetern 0,25 bis 1,5 Kilo. In der Küche macht das Fleisch von Äschen einiges her und ist daher auf unseren Teller sehr willkommen. Mindestmaß, Schonzeit und Fangbegrenzungen sind vom Gewässer abhängig und oft sehr unterschiedlich. Informiere dich darüber vor dem Angeln in einem Fachgeschäft.

GESTATTEN: VORWIEGEND FRIEDLICH

Der Name Friedfische steht keinesfalls für eine Fischgruppe, die in unseren Gewässern für „Friede, Freude, Eierkuchen" eintritt und Demonstrationen gegen Hecht und Co. abhält. Als Friedfische werden Fischarten beschrieben, die keine anderen Fische zum Fressen jagen. Allerdings gibt es da einige Kandidaten, die schon gern mal ein kleines Fischlein zum Frühstück oder Abendbrot verspeisen. Dazu kommt auch noch, dass eigentlich alle Friedfische auf Insekten, Würmer und Maden abfahren. Die Beute gehört zwar nicht zu den Wirbeltieren, aber „Gemüse" sieht anders aus. Zum Glück gibt es da ja noch Brot, Körner und andere rein vegetarische Köder, bei denen sich Friedfische dann zu recht ihren Namen verdienen.

DIE TOP 10 UNTER DEN FRIEDFISCHEN

Die folgende Favoritenliste gibt euch Einblick über vieles rund um die Friedfische im Süßwasser. Beim genauen Lesen werdet ihr wahrscheinlich schon die eine oder andere Vorliebe entdecken und anhand von euren Haus- oder Urlaubsgewässern gezielt Informationen herausfischen können. Auf die richtige Angelausrüstung, die besten Köder und genaue Fangplätze gehe ich in den anderen Kapiteln genauer ein.

Rotaugen sind in unseren Gewässern zahlreich vertreten und beißen gerne auf Maden.

STECKBRIEF
KARPFEN

BELIEBTER SPORTFISCH

In unseren Gewässern gibt es verschiedene Karpfenarten. Der Wildkarpfen ist die einzige wirklich heimische Art. Durch sein vollständiges Schuppenkleid ähnelt er dem hochrückigen Schuppenkarpfen. Der bekannte Spiegel- oder Lederkarpfen kommt eigentlich aus Asien, wurde allerdings schon vor Jahrhunderten in europäischen Gewässern gezüchtet und ist in Deutschland inzwischen sogar als heimischer Fisch anerkannt. Marmor-, Silber- und Graskarpfen stammen ebenfalls aus China und wurden in den 1960er Jahren zur Bekämpfung von Wasserpflanzen ausgesetzt. Koikarpfen sind eine Züchtung aus Japan, schwimmen vor allem als Zierfische in vielen Gartenteichen. Ich möchte euch speziell Spiegel- und Schuppenkarpfen vorstellen. Diese kräftigen Fische verlangen euch und eurem Angelgerät einiges ab. Ausgewachsene Karpfen sind wahre „D-Züge" und schaffen es bei über einem Meter Länge auf mehr als 40 Kilo. Selbst kleine Karpfen um die zwei Kilo können richtig „Dampf" geben. Die großen, gewichtigen Karpfen werden meist bei einer längeren „Karpfensitzung", oft über mehrere Tage und Nächte, gefangen. Kleinere Exemplaren werden auch als Beifang auf andere Friedfischarten gefangen. Karpfen sind wahre „Fressmaschinen". Neben Schnecken, Muscheln, Würmern und Co. werden auch Körner, Kartoffeln, Boilies und sogar Hundefutter und kleine Rotaugen verspeist. Schuppenkarpfen sind vollständig mit großen gleichmäßigen, braungoldenen Schuppen überzogen. Vier Barteln am vorstülpbaren, rüsselartigen Maul zeichnen Schuppen- und Spiegelkarpfen aus. Der Spiegelkarpfen ist oft noch etwas hochrückiger als der Schuppi und zeichnet sich durch eine Reihe waagerechter großer, meist goldener Schuppen direkt unterhalb der Rückenflosse aus. Weitere, kleine Schuppen sind direkt an der Schwanzwurzel und über der Afterflosse zu finden. Der Rest der Haut ist schuppenlos, der Rücken dunkelgrau. Die Seiten sind heller goldig und am Bauch weiß bis gelblich. Karpfen beißen am besten vom April bis November. In flachen Seen und Teichen können Karpfen bei einer Wassertemperatur von mindestens 17C° von Mai bis Juli ihrem Laichgeschäft nachgehen. Für Karpfen gibt es ein Mindestmaß um die 40 Zentimeter (Abweichungen möglich). Karpfen sind seit eh und je ausgezeichnete Speisefische, die in vielen Variationen in der Küche zubereitet werden können. Ein Klassiker dabei ist Karpfen blau. Dabei hat der Fisch natürlich nicht zu viel Alkohol getrunken, sondern erhält seine bläuliche Färbung durch das Kochen.

STECKBRIEF
SCHLEIE

GOLDGRÜNE MAJESTÄT

Mein absoluter Liebling unter den Friedfischen. Dabei habe ich meine bisher größte Schleie von knapp unter einem halben Meter beim Barschangeln auf einen Spinnköder an den Haken bekommen. Generell bevorzugen die hübschen, mit den Karpfen verwandten Fische allerdings Würmer, Schnecken, Maiskörner und Maden. Hin und wieder wird wohl auch mal ein kleines Fischlein verspeist. Schleien sind einheimische Fische und sehr beliebt bei Sportanglern. Die Schönheit mit den roten Augen kann an der Rute ganz schön für Spannung sorgen. Mit dem Einsatz von ihren kräftigen und bulligen Körpern sind Schleien echte Knaller, die einen aufregenden Drill bis zur letzten Minute liefern. Die besten Fangaussichten am Tage habt ihr im Frühjahr von April bis Juni und in dem frühen Herbstmonat September. Während der Sommermonate geht tagsüber zwar auch mal die eine oder andere Schleie an den Haken, die beste Angelzeit liegt jedoch in den Dämmerphasen und der Nacht.

Schleien erkennt ihr leicht an der dunkelgrünen, zum Bauchbereich goldgelblichen Farbgebung und den knallroten und kleinen Augen. Am vorstülpbaren Maul sitzen an der Unterseite zwei kleine Barteln. Die Haut von Schleien ist leicht schleimig und mit kleinen Rundschuppen bedeckt. Die Schleimhaut wirkt dabei antibakteriell und pilzhemmend vor Krankheiten. Schleien haben hinter kräftigen Brustflossen ausgeprägte Bauchflossen, eine kleine Afterflosse und eine rustikale Schwanzflosse. Die kurze aber lange Rückenflosse verleiht der Schönheit ein gewisses Flair. Die Fische können bei einer maximalen Länge von 70 Zentimeter bis zu sieben Kilo wiegen. Schleie von 50 Zentimeter mit Gewichten über drei Kilo gelten allerdings schon als kapitale Fische. Im Schnitt liegt das Gewicht bei 30 bis 40 Zentimetern zwischen 0,5 und 1,5 Kilo.

Die Laichzeit erstreckt sich ab 17 C° Wassertemperatur von Mai bis Juni. Neben dem hübschen Aussehen haben Schleien noch das ganz besondere Extra. Sie verfügen über die Fähigkeit zu Kälte- und Hitzestarre und können so extreme Bedingungen im sauerstoffarmen Wasser ohne Schaden überstehen. Schleien können selbst noch in wasserlosen Tümpeln mit ausreichend feuchtem Schlamm einige Zeit überleben.

STECKBRIEF
BRASSE

BROTFISCH DER FRIEDLICHEN FREUNDE

Blei, Brachsen oder Brasse sind weitere gängige Namen dieses karpfenartigen Fisches. Nach diesem Fisch ist eine der fünf Leitfischregionen eines Flusses benannt, die Brassenregion. Die Fische sind zahlreich in fast allen heimischen Gewässern vertreten, selbst in Brackwasser (Süß-Salzwassergemisch). Die einzigen Ausnahmen sind Bergseen und kleine, höher gelegene Bachläufe. Dort ist die Wassertemperatur einfach zu kalt. Brassen brauchen ähnlich wie Karpfen und Schleie im späten Frühjahr schon Wassertemperaturen von mindestens 16 C°, um dann von Mai bis Juni zu laichen. Die Männchen bekommen dabei einen pickeligen Hautausschlag über den ganzen Körper. Brassen laichen in flachen, bewachsenen Uferzonen, wo sie oft in Massen auftauchen. Mit ihrem vorstülpbaren Maul ziehen Brassen zum Fressen in Schwärmen wie „Staubsauger" über weiche Gewässerböden. Ihre natürliche Nahrung besteht aus kleinen Schalentieren, Maden und Würmern. Große Brassen fressen auch gern mal einen kleinen Fisch. Zum Fang von Brassen kannst du aber auch sehr gut Brot oder Brotteig und Maiskörner einsetzen. Brassen können bei einer maximalen Länge um die 80 Zentimeter Gewichte über acht Kilo erreichen. Im Schnitt wiegen die gefangenen Fische zwischen 0,5 und 2,5 Kilo. Die beste Angelzeit liegt vom April bis Oktober. Diese Fischart beißt tagsüber sowie auch während der Nacht. Die Fische sind hochrückig und haben einen seitlich abgeflachten Körper. Auffällig ist die glänzende, über schwarz bis blau oder bleigraue Färbung auf dem Rücken. Daher stammt wohl auch der Name Blei. Zur Seitenlinie wird die Färbung metallisch hellgrau und zum Bauch hin weißlich mit einem, vor allem bei größeren Fischen goldenem Stich. Der gesamte Körper ist mit Schuppen bedeckt und meist schleimig. Brassen haben eine kurze hohe Rückenflosse, eine gegabelte Schwanzflosse, eine lange Afterflosse, Bauchflossen und schmale, aber sehr lange graue Brustflossen. Daran kannst du Brassen gut von Güstern unterscheiden. Kleine Brassen sind gute Köderfische zum gezielten Angeln auf Wels und Hecht. Für unsere Küche ist das weiße zarte Fleisch sehr lecker, wenn da nicht die zahlreichen Gräten wären. Brassenfleisch sollte daher am besten nach kurzem Kochen durch einen Fleischwolf gedreht werden, um dann als leckere Fischfrikadelle auf unserem Teller zu landen.

STECKBRIEF
GÜSTER

© Kai Rohde

DER KLEINERE BRUDER

Ein weiterer kleinwüchsiger mit den Karpfen verwandter Fried- fisch, der zahlreich in unseren Gewässern anzutreffen ist. Oft werden Güster mit ihrem gro- ßen Bruder, den Brassen, verwechselt.

Dabei sind, wenn ihr einige Merkmale genau betrachtet, Verwechslungen eigentlich Mangelware. Güstern fehlt das ausstülpbare Maul. Die Brust und Bauchflossen haben eine rötlichbraune Färbung.

Wer dann immer noch Zweifel hegt, kann anhand der größeren Augen und der silbrig blauen Färbung Güster genau bestimmen. Güster sind in Schwärmen am Tage und in der Nacht aktiv auf Futtersuche. Gierig fressen sie in grundnähe fast alles, was in ihr kleines Maul reinpasst. Beim Nachtangeln mit Würmern auf Aale können Güstern zur richtigen Plage werden.

In der Küche sind Güster auf Grund ihrer Größe und der vielen Gräten eher unbeliebt und nicht zu empfehlen. Mit einer maximalen Länge von 40 Zentimeter erreichen Güstern Gewichte bis zu einem Kilo. Meist sind die Fische aber nicht größer als 20 Zentimeter.

Die Laichzeit liegt im späten Frühjahr. Die beste Fangzeit ist von April bis Oktober. Güster sind oft Beifang beim Brassen- oder Rotaugenangeln.

Du kannst kleine Güster um die fünf Zentimeter auch gut als Köderfische zum Hecht- und Zanderangeln einsetzten.

STECKBRIEF
ROTAUGE

DER MEIST VERTRE-TENE FRIEDFISCH

Würdet ihr die Weltbevölkerung der Menschheit mit den heimischen Süßwasserfischen vergleichen, wären Rotaugen alle Asiaten! Die stellen nämlich mit fast 5.000 Millionen den größten Teil unserer Spezies dar. Wir Europäer schaffen es gerade mal auf 750 Millionen. So, Spaß muss sein, nun aber wieder zurück zu den Fischen. Rotaugen gibt es in unseren Gewässern einfach in Hülle und Fülle. Und das ist auch gut so, denn Rotaugen stehen bei sämtlichen Raubfischen ganz oben auf der Speisekarte. Ohne diesen Friedfisch würde Barsch und Co. verhungern. Darüber hinaus sind Rotaugen bei Friedfischanglern beliebte Beute und können mit der richtigen Technik in Mengen gefangen werden. Das liegt auch mit daran, dass Rotaugen in großen Schwärmen umherziehen. Zugegeben, die Fische werden keine Riesen, aber Rotaugen um die 30 Zentimeter an feinem Angelgeschirr machen schon ganz schön Rabatz. Bei einer maximalen Länge von 45 Zentimetern können Rotaugen bis zu 2,5 Kilo schwer werden. Die meisten Fische sind jedoch deutlich kleiner. Rotaugen erkennst du an einem hochrückigen Körper mit grünlich bläulichem Rücken und weißem Bauch. Die Flanken sind silbrig und der ganze Körper ist mit Schuppen besetzt. Die schwarze Pupille des Auges ist von einer extrem roten Iris umgeben. Daher hat der Fisch wohl auch seinen Namen bekommen. Verbreitet ist bei vielev Anglern auch der Name „Plötze". Alle Flossen haben eine rötliche Färbung, allerdings lange nicht so intensiv wie bei der Rotfeder. Rotaugen laichen im Frühjahr von April bis Mai bei Wassertemperaturen um die 10 C°. Die beste Fangzeit liegt tagsüber von April bis Oktober, aber auch in der Nacht könnt ihr diese Fische fangen. Rotaugen fressen vor allem Würmer, Maden, Körner, Insekten, kleine Schnecken, Brot und Teig. Rotaugen eignen sich hervorragend als Köderfische zum Angeln auf alle Raubfischarten. Je nach Verhalten der Räuber solltet ihr die Größe des Rotauges als Köfi (Köderfisch) wählen. Für Barsch, Zander, Rapfen und Aal um die fünf Zentimeter, für Wels und Hecht können ihr auch ausgewachsene Fische nutzen. In unserer Küche sind Rotaugen wegen ihrer vielen Gräten nicht besonders willkommen, obwohl ihr weißes Fleisch seht gut schmeckt. Ähnlich wie bei Brassen können aus dem kurz gekochten und durch einen Fleischwolf gedrehten Rotaugenfilet leckere Frikadellen gemacht werden.

STECKBRIEF
ROTFEDER

DIE GROSSE SCHWESTER

Mein persönlich schönster Fisch unter den „Friedlichen". Rotfedern sehen einfach echt klasse aus, und große Fische geben zusätzlich noch einen tollen Fight an der Rute ab. Ähnlich wie bei Brassen und Güstern verwechseln viele Angler Rotaugen mit Rotfedern. Ganz ausschlaggebend sind dabei die Flossen. Rotfedern haben deutlich rote leuchtende Flossen, Rotaugen hingegen eher dunklere, rötlichbraune. Der Ansatz der Rückenflosse von Rotfedern steht hinter dem Ansatz der Bauchflossen. Beim Rotauge sind der Ansatz von Rückenflosse und Bauchflossen senkrecht betrachtet nahezu gleich. Das Schuppenkleid von Rotfedern neigt zu goldiger Färbung an den Flanken, bei Rotaugen deutlich silbrig. Die Iris um die Pupille ist bei Rotfedern längst nicht so intensiv rötlich wie bei Rotaugen. Abschließend lässt sich sagen, Rotfedern haben einen deutlichen grünlichen Rücken und neigen wie Rotaugen nie zu bläulicher Färbung.

Auch bei der Größe gibt es Unterschiede. Rotfedern können bei maximaler Länge von 55 Zentimetern bis über drei Kilo schwer werden. Gerade große Fische sind dabei deutlich hochrückiger als Rotaugen.

Die hübschen Rotfedern kannst du am besten während des Tages und in der Dämmerung von Mai bis Oktober mit der Angel fangen. Oft sind die Fische in kleineren Schwärmen an der Wasseroberfläche in der Nähe von Schilf oder Seerosen auszumachen. Maden, Würmer, Körner, Brot und Teig führen dann zum Fangerfolg. Als natürliche Beute fressen Rotfedern kleine Schnecken, Bachflohkrebse und Insekten. An warmen Sommerabenden könnt ihr Rotfedern oft an der Wasseroberfläche auf Insektenjagd beobachten. Die Fische laichen bei einer Wassertemperatur von mindestens 18 C° von Mai bis Juli. Rotfedern sind extrem schreckhaft. Hast du einen Schwarm ausfindig gemacht, nähere dich sehr langsam und vorsichtig. Ansonsten sind die Hübschen auf nimmer Wiedersehen verschwunden. Selbst annähernde Raubfische werden über die Seitenlinie wahrgenommen, und die Rotfedern suchen blitzschnell Schutz im Unterwasserpflanzendickicht.

Rotfedern sind wie Rotaugen sehr gute Köderfische zum Raubfischangeln. In der Küche werden sie wegen ihrer vielen Gräten nicht sonderlich geschätzt und mir persönlich sind diese Hübschen viel zu schön zum Verzehren.

© Marcel Wiebeck

STECKBRIEF
ALAND

EINE RUNDE POWER

Ein kräftiger Friedfisch unter den Karpfenverwandten. Besonders größere Alande von mehr als zwei Kilo liefern einen aufregenden Drill an der Angel. Selbst die kleineren Fische können ihren gestreckten, seitlich abgeflachten Körper voll in Szene setzen.

Die gute Angelzeit beginnt im April und geht bis Ende September. Alande schwimmen gerne in Schwärmen deutlich über dem Gewässergrund und sind auch an der Oberfläche auf Nahrungssuche. Als natürliche Beute fressen Alande Insektenlarven, kleine Schnecken, Muscheln und auch mal einen kleinen Fisch. Wenn du mit Maden, Würmern, Mais oder Brot an dem Angelhaken fischst, bestehen tagsüber gute Fangchancen. Biete den Köder allerdings im Mittelwasser oder nahe der Wasseroberfläche an. Der Aland lässt sich aber auch mit künstlichen Ködern an der Spinnrute fangen.

Erkennen kannst du die Fische an ihrem graugrünlichen Rücken, den silbernen Flanken und einer weißlichen Bauchseite. Der gesamte Körper ist mit kleinen Schuppen überzogen. Alande haben gelbe Augen und rötliche Flossen. Die Fische laichen von April bis Juni in strömungsarmen Flussregionen und machen auch gern mal einen Ausflug in die brackigen Bereiche (Salz- und Süßwassergemisch) der Ostsee. Mit einer maximalen Länge von 65 Zentimetern können Alande Gewichte bis über vier Kilo erreichen. In der Regel wiegen die gefangenen Fische bei einer Länge von 25 bis 50 Zentimeter jedoch zwischen 0,25 und zwei Kilo.

Alande werden oft mit Döbeln verwechselt. Achte beim Fang auf den Kopf und die Schuppen. Alande kannst du dann gut anhand des kleineren Kopfs und den kleineren Schuppen unterscheiden. Wenn du dir nicht ganz sicher bist, betrachte die Rücken- und Afterflosse. Bei Alanden sind beide am Ende deutlich nach innen gebogen. Hinzu kommt noch, das Alande mehr in Norddeutschland und Skandinavien gefangen werden.

Kleine Alande sind Top Köderfische zum Aal-, Zander-, Barsch- und Forellenangeln. Als Speisefisch ist der Aland, ähnlich wie viele Friedfische auf Grund seiner vielen Gräten nicht besonders beliebt. Zu Fischfrikadellen verarbeitet ist das Fleisch aber sehr lecker.

STECKBRIEF DÖBEL

© Marcel Wie...

DER DICKKOPF

Wie es der Spitzname schon verrät, hat der Döbel einen bullig dicken Kopf. Auch der Rest des Körpers ist sehr kräftig und ähnelt beim Betrachten einem Torpedo. Genau so verhalten sich gehakte Döbel auch an der Angelrute. Voll dagegen halten ist absolut angesagt. Pass also beim Drillen und Landen der Fische auf, denn Döbel gehen oft genauso schnell verloren wie sie gebissen haben. Die Fische stehen auf strömungsreiche Gewässer und schwimmen gern im Mittel- und Oberflächenwasser auf Nahrungssuche. Döbel sind nicht zimperlich: Von Insekten über andere Kleintiere und Wasserpflanzen bis zu kleinen Fischen und Fröschen ist der Döbel ein Allesfresser und damit als karpfenverwandter Friedfisch eigentlich nicht ganz korrekt einsortiert.

Döbel werden vor allem von Süddeutschland bis zu den Mittelmeerländern gefangen und leben in den fünf Leitfischregionen eines Flusses in der Äschen- sowie Barbenregion. Oft kannst du die bulligen Fische anhand ihres dunkelgrauen, grünlichen und bräunlichen Rückens in klaren Flüssen gegen den helleren Unterwassergrund in der Strömung stehen sehen. Platziere deinen Köder beim Angeln möglichst an der Wasseroberfläche oder knapp darunter deutlich vor den Fischen in der Strömung und lasse ihn über den Döbelschwarm treiben. Meist steigen die gierigen Fische auf und „Peng", die Angelrute ist krumm. Als Köder geht von Brot über Maden, Würmern, künstlichen Fliegen, kleinen Köderfischen bis zum Grashüpfer noch eine Menge mehr. Experimentieren ist da voll angesagt, mit dem richtigen Tagesköder sind dann oft mehrere dicke Döbel drin. Bei einer maximalen Länge von 65 Zentimetern erreichen Döbel Spitzengewichte bis 4,5 Kilo. Im Durchschnitt wiegen die Fische bei einer Länge von 30 bis 50 Zentimetern zwischen 0,5 und 2,5 Kilo.

Döbel laichen von April bis Juli. Die beste Angelzeit liegt von Mai bis November am Tage und während der Dämmerung. Döbel lassen sich vom Aland anhand ihrer oft silbriggoldenen Flanken, den großen Schuppen, einem großen Kopf und der nach außen gebogenen Afterflosse gut unterscheiden. Döbel haben Früchtchen zum fressen gern. Die Fische könnt ihr nämlich auch mit Kirschen, Weintrauben, Holunderbeeren und sogar Pflaumen zum Anbiss locken.

STECKBRIEF
KARAUSCHE

SCHÖNHEIT IM SCHUPPENKLEID

Dieser heimische mit den Karpfen verwandte Fisch wird oft als Beifang beim Friedfischangeln oder beim nächtlichen Aalansitz gefangen. Karauschen ähneln einem kleinen Schuppenkarpfen. Beim genaueren Betrachten kannst du aber feststellen, dass die Barteln fehlen und Karauschen deutlich hochrückiger sind als ein Schuppenkarpfen. Karauschen sind sehr widerstandsfähige Fische und können über mehrere Tage fast ohne Sauerstoff auskommen. So schaffen sie es, während der heißen Sommerzeit selbst in ausgetrockneten Tümpeln bei genügend feuchtem Schlamm zu überleben. Zudem haben Karauschen in ihrem Blut einen ausgeglichenen Alkoholanteil. Dies liegt nicht daran, dass Karauschen Bier oder Wein trinken, sondern an einer natürlichen Begebenheit.

Durch den Alkoholanteil in ihrem Blut können Karauschen auch noch bei vollständigem Durchfrieren eines Gewässers überleben. Karauschen werden bei einer maximalen Länge von 60 Zentimetern bis zu 3,5 Kilo schwer. Fische von über zwei Kilo gelten allerdings schon als besonderer Fang. Obwohl Karauschen keine Riesen sind, veranstalten sie an der Angelrute ordentlich Rabatz und sorgen für einen spannenden Drill. Karauschen laichen von Mai bis Juni in strömungsarmen flachen Gewässern. Die besten Fangaussichten habt ihr von Mai bis September. Gerade die größeren Karauschen beißen gern in der Dämmerung und Nachtzeit auf Würmer, Maden und Mais. Als natürliche Nahrung fressen Karauschen Insektenlarven, kleine Schnecken und Unterwasserpflanzen. In den Bundesländern Hessen und Rheinland-Pfalz sind Karauschen das gesamte Jahr über geschont, in den anderen Bundesländern gibt es lokal unterschiedliche Mindestmaße. Informiert euch deshalb vor einer Angeltour, am besten bei örtlichen Angelfachgeschäften. In der häuslichen Küche sind Karauschen durchaus willkommen und gelten als guter Speisefisch. Oft werden die Fische mit dem Giebel (Silberkarausche) verwechselt. Wie der Beiname schon schließen lässt, sind Giebel an den Flanken silbrig, während Karauschen eher goldig bis kupferne Färbungen aufweisen.

STECKBRIEF
BARBE

WILDE KÄMPFERIN

Eindeutig die Queen der Friedfische in Fließgewässern. Im höheren Norden eher selten gibt es Barben in Süddeutschland und den Mittelmeerländern in Hülle und Fülle. Die karpfenverwandten Fische lieben strömungsreiche Flüsse und Bäche. Eine der fünf Leitfischregionen eines Flusses wurde nach ihnen benannt, die Barbenregion. Der grundtreue Fisch ist bei Sportanglern sehr beliebt. Ihr müsst im Drill sehr aufmerksam sein. Ihren langgestreckten, kräftigen Körper kann die Barbe gegen die Strömung einsetzen, so dass sie eurer Schnur und Rolle einiges abverlangt. Eigentlich heißen die Fische ganz korrekt Flussbarben, denn auch im Salzwasser gibt es einige Vertreter mit den Namen Barbe. In weiteren Ausführungen belasse ich es allerdings bei Barbe. Ähnlich wie bei Döbeln könnt ihr Barben in Flüssen und Bächen mit klarem Wasser gegen helleren Grund durch den braun, grüngrauen dunkel gefärbten Rücken gut beobachten. Bietet euren Köder auf oder knapp über dem Grund deutlich vor dem meist kleinen Barbenschwarm an und lasst ihn mit der Strömung zu den Fischen treiben. Das Nahrungsangebot ist dabei breit gefächert. Barben bevorzugen einen deftige Köder und sind mit Käse, Frühstücksfleisch, Würmern, Maden, Muscheln, Schnecken und sogar kleinen Köderfischen zu fangen. Bei einer maximalen Länge von 90 Zentimetern können Barben Gewichte bis acht Kilo erreichen. Im spanischen Hochland gibt es Stauseen und Flüsse mit Barbengiganten über einen Meter und Gewichten bis über zehn Kilo. In unseren heimischen Gewässern wiegen die kampfstarken Fische bei 30 bis 70 Zentimetern Länge meist zwischen einem und drei Kilo. Barben könnt ihr sehr leicht an ihren Rüsselmaul und den vier Bartfäden erkennen. Auf Grund der langgestreckten Form und dem braun, grüngräulichen Rücken mit grünlich goldgelblichen Flanken und einer weißen Bauchpartie könnt ihr Barben kaum mit anderen Fischarten verwechseln. Wer noch Zweifel hegt kann mit den rötlich gefärbten Augen und der oft rötlich gefärbten Brust-, Bauch- und Afterflosse sowie dem unteren Teil der Schwanzflosse alles klar machen. Barben laichen von Mai bis Juli, die beste Fangzeit liegt tagsüber und in der Dämmerung von April bis Oktober, große Fische beißen aber auch gern in der Nachtzeit. Barben sind in der Küche gern gesehen, der Rogen (Fischeier) und das direkt umgebende Bauchfleisch ist für uns Menschen allerdings ungenießbar und sogar gesundheitsgefährdent.

4 Unterwegs an Flüssen, Kanälen und Bächen

Eines haben diese drei äußerlich oft sehr unterschiedlichen Gewässer gemeinsam: Es sind alles Fließgewässer. Wie es euch der Name bereits verrät, fließt das Wasser in Bächen, Flüssen und Kanälen. Damit ist gemeint, dass eine Strömung das Wasser vorwiegend in eine Richtung bewegt. Das Strömen oder Fließen kann dabei stärker oder schwächer auftreten. Für die Fließgeschwindigkeit, auch der Strom genannt, sind verschiedene Ursachen ausschlaggebend. Hochwasser nach Regenfällen oder Schneeschmelze, Schifffahrtsverkehr, Schleusen und natürlich Höhenunterschiede der Landschaft bringen dabei Bewegung in das Wasser. Dadurch sind auch die Fische oft in „Action“, für eine Ruhephase werden dann strömungsarme Bereiche im Gewässer aufgesucht.

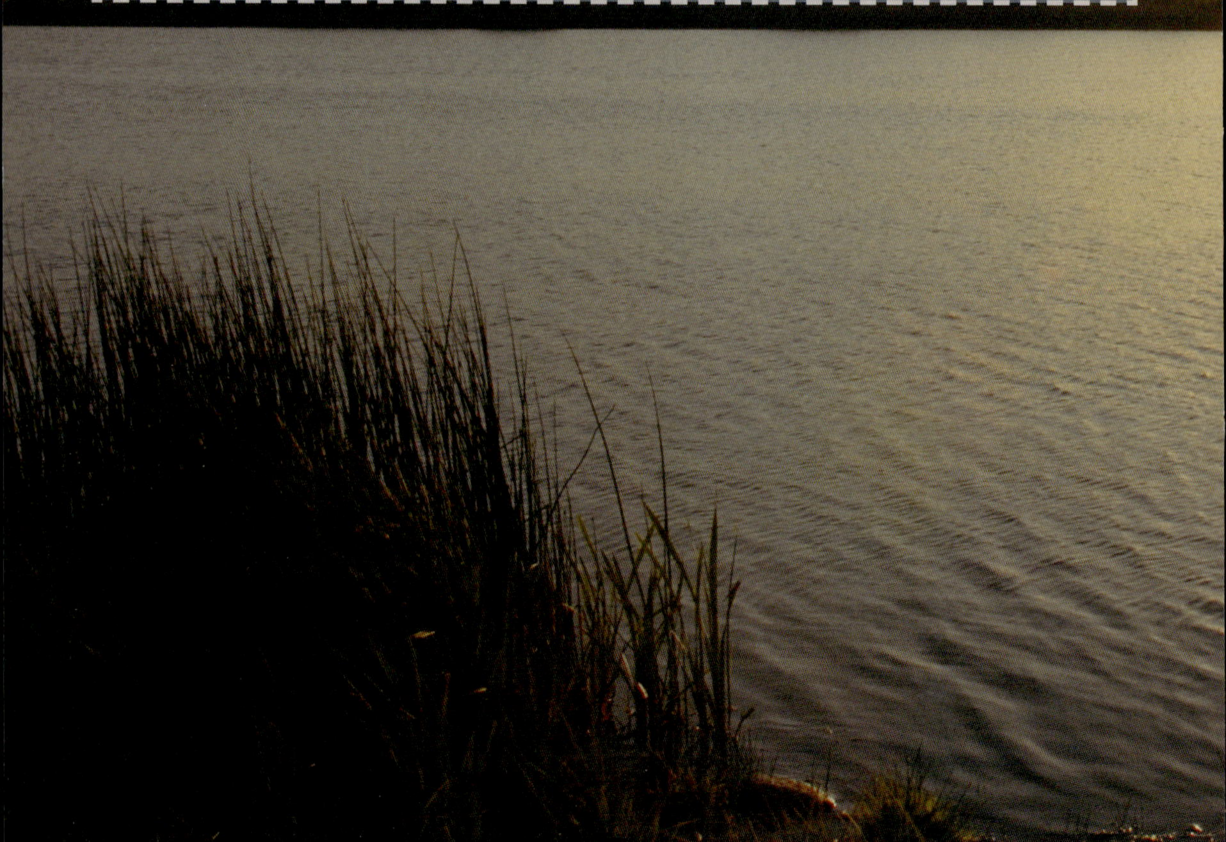

Fließgewässer haben es oft in sich, mit den richtigen Dreh lassen sich schöne und auch große Fische fangen.

ARTENVIELFALT UNTER UND ÜBER WASSER

An Fließgewässern ist einiges los. Viele Tiere nutzen den Lebensraum am Ufersaum, im Schilf, auf Büschen und Bäumen, unter Steinen und in der Erde oder auch als Besucher zum trinken. Neben unserem Hobby, dem Angeln, könnt ihr somit zusätzlich eine ganze Menge heimischer Tierarten beobachten. Von Vögeln über Amphibien, Reptilien, Insekten bis zu kleinen und großen Säugetieren ist da so einiges vertreten.

Ich hatte vor ein paar Jahren an einem großen Fluss in Schweden das Glück, beim Angeln zu beobachten, wie ein ausgewachsener Elch von einer Uferseite auf die andere wechselte. Dabei gab es einige Abschnitte, wo das große Tier schwimmen musste. Ein wunderschönes, spannendes Erlebnis, das ich nie vergessen werde. Haltet also immer die Augen auf!

Unter der Wasseroberfläche ist natürlich auch einiges los. Neben Krebsen, Muscheln, Schnecken und Insektenlarven, gibt es eine ganze Reihe Amphibien und Reptilien wie Lurche, Frösche und Schlangen, die unter und über der Wasseroberfläche ihren Lebensraum haben. Klar, Fische gibt es in Fließgewässern natürlich auch und das oft in Hülle und Fülle. Dabei ist für das Vorkommen der verschiedenen Fischarten die Gewässerregion entscheidend. Das bedeutet kurz und knapp: In einem Gebirgsbach oder Fluss im Hochland werdet ihr vorwiegend Forellen, Äschen und zum Teil auch Barben und Döbel an den Haken bekommen, während in einem Kanal, Fluss oder Bach im Flachland von Aal bis Zander eine größere Artenvielfalt herum schwimmt. Das ist ganz einfach zu erklären. Die Wassertemperatur in höher gelegenen Gewässern ist im Durchschnitt deutlich kühler als in niedriger gelegenen Gewässern.

Viele Fischarten brauchen im späten Frühjahr Wassertemperaturen um die 16 C°, damit sie sich vermehren, also laichen können. Daher werden höher gelegene Fließgewässer in den fünf Leitfischregionen als obere Forellen- und Äschenregion beschrieben. In der anschließenden Barbenregion gibt es einen Mischmasch aus den oberen Regionen und der folgende Brassenregion. In der Brassenregion schwimmen die meisten Fischarten im Süßwasser herum. Abschließend fehlt noch die Barsch-Flunderregion mit zum Teil schon brackigem Wasser (Süß-Salzwassergemisch).

DIE 5 LEITFISCHREGIONEN EINES FLUSSES

Forellenregion
Wassertemperatur bis 10C°

FISCHARTEN:
Forelle, Äsche

Äschenregion
Wassertemperatur bis 15C°

FISCHARTEN:
Forelle, Äsche, Barbe, Döbel

Barbenregion
Wassertemperatur über 15C°

FISCHARTEN:
Barbe, Döbel, Rotauge, Barsch, Hecht, Brasse, Quappe, Aal, Forelle Äsche, Aland

Brassenregion
Wassertemperatur bis 20C°

FISCHARTEN:
Brasse, Karpfen, Schleie, Rotauge, Rotfeder, Güster, Döbel, Aland, Hecht, Barsch, Zander, Aal, Rapfen, Quappe, Wels

Barsch-Flunderregion
Wassertemperatur im Sommer über 20C°

FISCHARTEN:
Brasse, Karpfen, Schleie, Rotauge, Rotfeder, Güster, Aland, Hecht, Barsch, Zander, Aal, Rapfen, Quape

Fließrichtung

MEER

AUF DER PIRSCH NACH RÄUBERN

Wenn ihr mit der Angelrute an einem Fließgewässer unterwegs seid, seht euch vor dem Angelbeginn die Strecke genau an. Oft könnt ihr schon bevor der Köder im Wasser landet aussichtsreiche Angelstellen ausfindig machen. Dabei solltet ihr euch euer Wissen über die einzelnen Räuber zunutze machen. Die meisten Raubfische sind nämlich faul und suchen daher möglichst Stellen mit weniger Strömung als ihre Standplätze auf. Von diesen Standplätzen geht es dann auf Raubzug. Die Beute sollte dabei möglichst schnell zu erreichen sein, denn wer Hunger hat will nicht erst ein paar Kilometer schwimmen, um sich den Magen voll zu schlagen. Beobachtet deshalb die Wasseroberfläche, besonders im späten Frühjahr, Sommer und den ersten Herbstmonaten könnt ihr oft Kleinfischschwärme sehen. Da sind die Räuber natürlich nicht weit und mit etwas Petriglück sind Barsch und Co. sogar gerade in Aktion und jagen. Wenn das nicht der Fall ist, sucht in der Nähe der Kleinfischschwärme ruhig fließende Wasserabschnitte, überhängende Büsche oder auch tiefere Bereiche und bietet dort eure Köder an. An klaren Bächen oder Flüssen solltet ihr erst einmal ein paar Meter vom Ufer entfernt das Geschehen im Wasser beobachten. Oft könnt ihr den dunklen Rücken der Fische über hellerem Grund ausmachen und sie dann gezielt anwerfen. Wenn ihr am Tage unterwegs seid, spielt die Helligkeit eine wichtige Rolle für einen guten Fangerfolg. Viele Räuber mögen nämlich kein grelles Licht und ziehen sich bei strahlendem Sonnenschein eher in tiefere Wasserbereiche oder ins Schilf, zwischen Unterwasserpflanzen und unter Büsche, Bäume und Steine zurück. Solche „Rückzugsplätze" nennen viele Angler auch „Hot Spots" - heiße Stellen, wo immer der ein oder andere Räuber an den Köder geht. Bei bedecktem Himmel oder auch Mischmasch zwischen Sonne und Wolken sind die Räuber aktiver und verlassen eher ihre Standplätze. Eine der besten Angelzeiten am Tage ist die Dämmerphase, egal ob am Morgen oder Abend. Viele Raubfische verraten sich während dieser Zeit beim Jagen an der Wasseroberfläche durch lautes Klatschen oder kleine Fische, die fliehend aus dem Wasser springen. Haltet immer schön die Augen auf, um schnell einen Räuber anwerfen zu können. Für „Nachteulen" ist an Fließgewässern auch einiges drin. Neben der Angelrute ist eine gute Taschen- oder Kopflampe ganz wichtig, um nachts den Durchblick zu behalten. Mit der Dunkelheit werden einige Räuber erst so richtig munter, während andere nur am Tage zu fangen sind. Nachtangeln ist vor allem auf Aal, Wels, Zander und Quappe sehr erfolgreich. Äschen, Forellen, Rapfen, Barsche und Hechte beißen lieber tagsüber. Einige Räuber wie den Zander könnt ihr am Tage und in der Nacht fangen.

FRIEDFISCHE IM STROM

Wenn ihr auf Brassen und Co. angeln wollt, seid ihr an einem Fluss von der Barben- bis zur Barsch-Flunderregion und in Kanälen genau in den heißen Zonen. Friedfische, auch Weißfische genannt, wachsen in mittel bis leicht strömendem Wasser schnell heran und erreichen oft kapitale Größen. Meistens sind die Fische in Schwärmen unterwegs und lassen sich durch anfüttern schnell anlocken. Zum Anfüttern werden vor allem Paniermehl, Brot, Mais und andere Körner eingesetzt. Zusätzlich können auch ein paar Maden oder Würmer mit ins Futter gemischt werden. In Angelgeschäften findet ihr oft volle Regalwände mit vorgemischtem Fertigfutter. Hinzu kommt noch eine ganze Reihe an weiteren Lockstoffen, mit denen ihr euren Köder dippen, besprühen und einweichen könnt. Wichtig beim Anfüttern ist, mit der Menge nicht zu übertreiben. Schmeißt ihr zu viel Futter an euren Angelplatz, sind die Fische entweder schnell satt und beißen nicht mehr oder ihr könnt sie damit auch vertreiben. Klar ist es hin und wieder notwendig in strömenden Gewässern, oder wenn viele Fische an der Angelstelle sind etwas nach zu füttern, aber dann auch nur in Maßen. Das Futter solltet ihr mit etwas Wasser zu tennis-

ballgroßen Kugeln formen oder in sogenannte Futterkörbe drücken. Je nach Gewässer-tiefe und Strömung wird das Futter dabei angemischt. Bei tiefem Wasser und mittlerer Strömung kann das Futter ruhig ein wenig fester ausfallen als bei flacherem Wasser und wenig Strömung. Achtet beim Mischen der Anfütterung darauf, dass sich der Futterball im Wasser spätestens am Grund auflöst und nicht als Klumpen liegen bleibt. Das erhöht die Lockwirkung um einiges und es entsteht eine sogenannte Futterspur. Der Futterspur folgen die Fische bis zu eurem Angelplatz. Den solltet ihr nach dem auswählen, auf was ihr angeln wollt. Barben, Alande und Döbel schwimmen gern in Abschnitten mit mittlerer Strömung, während Karpfen, Schleien und Karauschen in leicht strömenden oder stillen Wasserabschnitten zu fangen sind. Brassen, Güster, Rotaugen und Rotfedern sind da nicht so wählerisch und können in beiden Bereichen gefangen werden. Die meisten Friedfische lassen sich am Tage und in der Nacht fangen, besonders gute Zeiten sind die Morgen- und Abenddämmerung. Karpfen, Brassen und Schleien verraten sich oft durch Gründeln am Gewässerboden. Die Fische wühlen dabei mit ihrem Maul den Grund nach Fressbarem auf, was zur Folge hat, dass viele kleine Blasen an der Wasseroberfläche zu sehen sind. Achtet deshalb immer auf Blasenspuren und platziert dort eure Köder am oder dicht über dem Grund. Ähnlich wie viele Räuber, suchen Friedfische bei kälterer Wassertemperatur tiefere Gewässerbereiche auf, sind bei wärmerem Wasser aber auch im Flachen zu finden.

DIE TOP 15 ANGELPLÄTZE AN FLIESSGEWÄSSERN

Bei einer breiten Wasserfläche mit unterschiedlichen Tiefen und Strömungen weiß man gar nicht so genau, wo der Köder landen soll. Damit ihr einen guten Überblick am Gewässer habt, beschreibe ich euch die besten Angelplätze und was ihr dort am Haken erwarten könnt. Neben guten Angelplätzen ist euer Verhalten am Wasser übrigens auch sehr wichtig. Wer am Ufer hüpft oder trampelt, erzeugt bei weichen Böden Bewegungen. Die Bewegungen setzen sich als Schwingungen unter Wasser fort. Die meisten Fische nehmen diese Schwingungen mit ihrer Seitenlinie wahr und schwimmen aus Eigenschutz davon. Das heißt jetzt nicht, dass wir uns wie die Indianer bäuchlings an den Angelplatz anschleichen müssen, ein bisschen ruhigere Bewegungen sind aber ratsam. Auch beim Herantreten an den Angelplatz gebt ein bisschen Obacht. Fische können in einem Winkel von etwa 45° nach oben sehen. Steht oder beugt ihr euch also bei klarem Wasser zu weit über das Ufer, kann es sein, dass Fische in der Nähe durch euren Anblick verscheucht werden. Haltet deshalb möglichst einen kleinen Abstand von einem bis eineinhalb Metern zum Wasser. Auf den drei Gewässerzeichnungen auf den Folgeseiten liegen die Top-Angelplätze dichter beieinander, als ihr sie in Wirklichkeit vorfinden werdet.

Barsche sind beliebte Sportfische und beißen auf Kunst- wie auch Naturköder.

GEWÄSSERGRUND

Der Gewässergrund ist sehr entscheidend dafür, mit welchen Fischen ihr an eurem Gewässer rechnen könnt. Klar gibt es einige Flossenträger die vorwiegend im Mittel und Oberflächenwasser anzutreffen sind und denen es damit schnurzpiepegal ist, wie der Grund unter ihnen beschaffen ist. Allerdings müssen sich diese Fische auch mal ausruhen und damit grundnahe Plätze ansteuern. Auf und über sandigem Grund könnt ihr mit allen Fischarten rechnen. Vor allem wenn in der Nähe noch Steine, Wasserpflanzen oder andere Unterstände liegen, ist sandiger Grund immer sehr gut. Das Nahrungsangebot an Würmern, Schalentieren, Insektenlarven und kleinen Fischen ist über sandigen Böden hoch und hält deshalb die Fische im Bann. Kiesiger Grund und Steine bieten ebenfalls einen gedeckten Tisch mit Schnecken, Krebsen, Insektenlarven, Algen und kleineren Grundfischen. Vor allem forellenartige Fische, Barben, Döbel, Aale, Zander und Barsche fühlen sich da pudelwohl. Weicher Grund mit Schlamm und Sand im Mix wird gern von Karpfen, Brassen, Schleien und Karauschen aufgesucht. Mit ihrem Maul wühlen die Fische den weichen Boden nach Fressbarem auf. Lehmgrund ist je nach der Festigkeit zu beschreiben. Weicher Lehm zieht eher Aale und Friedfische an, während fester Lehmboden gern von Zander, Wels und anderen Räubern besiedelt wird. Den Untergrund an euren Gewässern könnt ihr mit der Angel und einem Grundblei „ertasten". Nach dem Auswerfen lasst ihr das Gewicht bis zum Grund sacken und zupft es dann mit der Angelspitze leicht an. Bei weichem Lehm oder schlammigem Grund müsst ihr das Gewicht aus dem „Matsch" hinausziehen. Die Angelspitze biegt sich dabei, bis das Gewicht durch das Ziehen heraus schnellt. Sandiger Untergrund hingegen bietet kaum Widerstand und ihr könnt das Gewicht leicht über den Grund zupfen, ohne dass es sich verfängt. Kiesiger Grund und Steine können beim „Auschecken" auch mal einen Hänger am Grund verursachen. Benutzt auf jeden Fall nur ein Gewicht ohne Haken. Kies und kleine flache Steine fühlen sich nach dem Zupfen mit der Angelspitze oft ähnlich an wie sandiger Grund. Beim genauen Fühlen nach dem Zupfen merkt ihr aber beim Absacken des Gewichtes auf den Grund den härteren Boden durch das abrupte Abstoppen. Bei klarem Wasser könnt ihr den Untergrund natürlich auch mit den Augen abchecken. Sand ist dabei am hellsten, gefolgt von Lehm, Kies und Steinen. Schlamm ist der dunkelste Untergrund.

Der Gewässerboden ist für einen guten Fangerfolg sehr entscheidend, dabei haben die Fischarten unterschiedliche Vorlieben. Welse zum Beispiel stehen gern über Lehmböden.

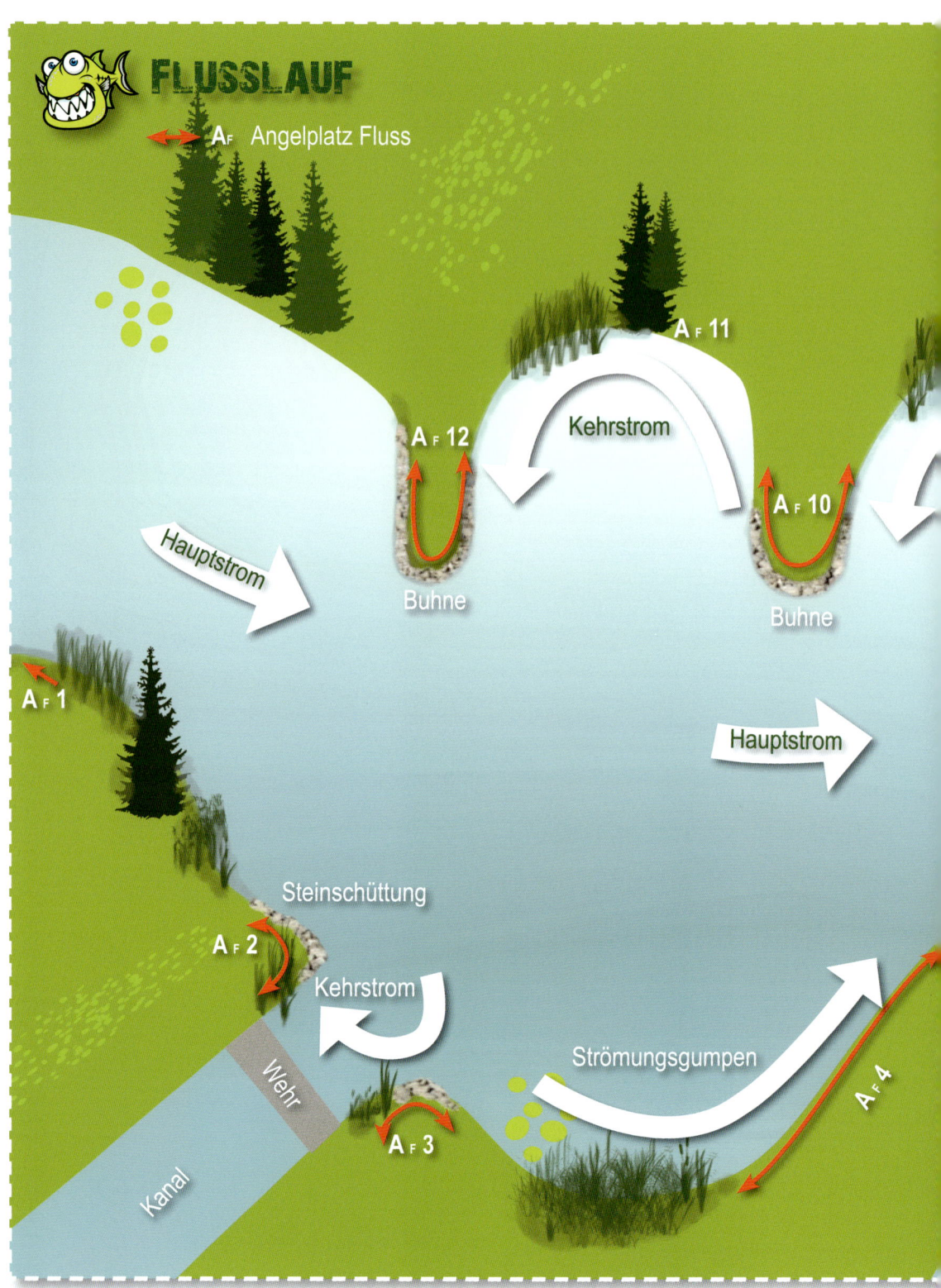

FLUSSLAUF

A_F Angelplatz Fluss

A F 11

Kehrstrom

A F 12

Buhne

A F 10

Buhne

Hauptstrom

A F 1

Hauptstrom

Steinschüttung

A F 2

Kehrstrom

Wehr

Strömungsgumpen

A F 4

A F 3

Kanal

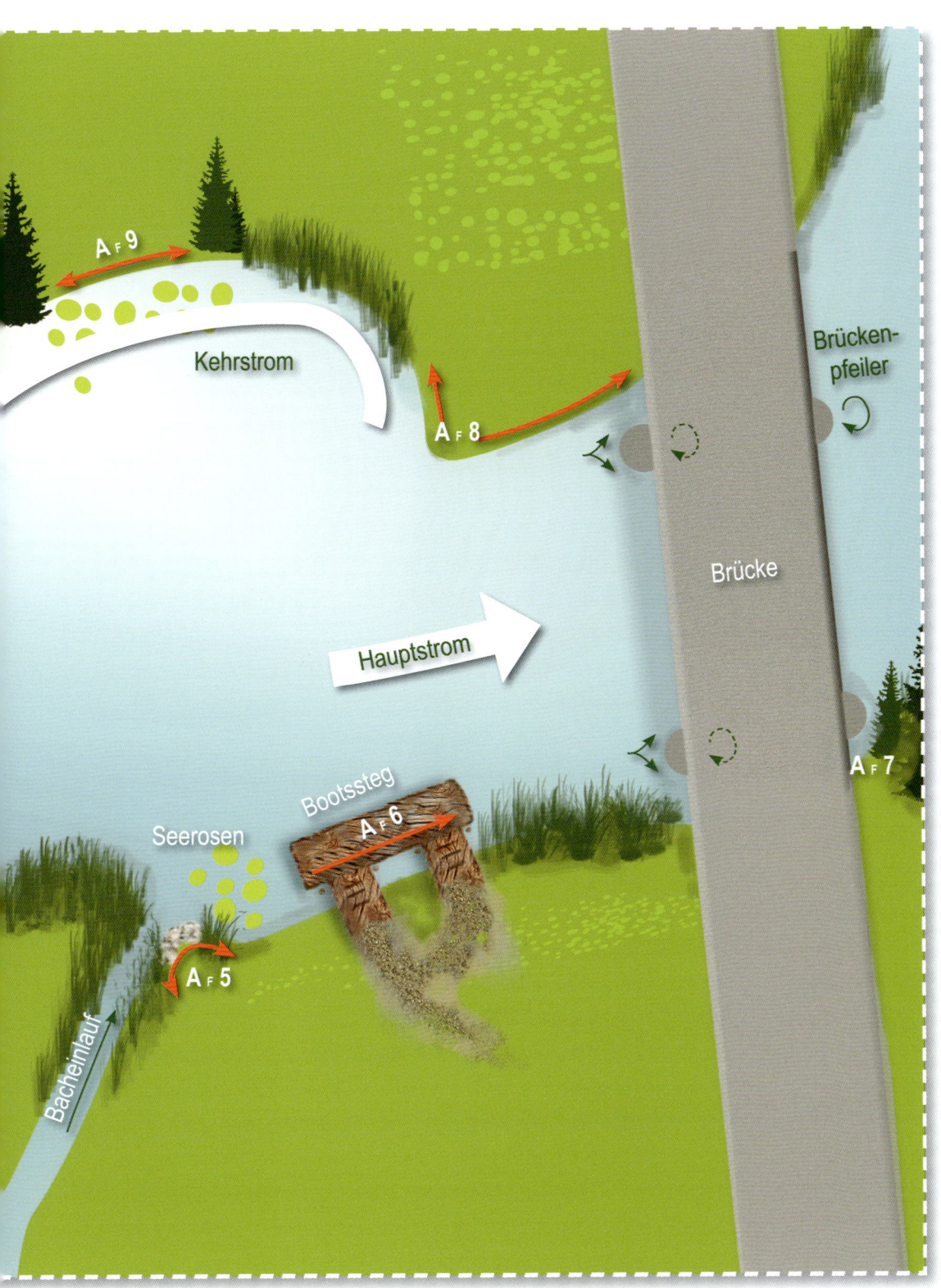

A F 9

Kehrstrom

Brücken-
pfeiler

A F 8

Brücke

Hauptstrom

A F 7

Bootssteg

A F 6

Seerosen

A F 5

Bacheinlauf

KEHRSTRÖMUNGEN

Wie es euch der Name schon verrät, kehrt sich die Strömung in diesen heißen Bereichen um. Für das Umkehren gegen den Hauptstrom sind Hindernisse am eigentlichen Verlauf des Fließgewässers und natürliche Ausbuchtungen verantwortlich. Buhnen, Wehre, Schleusen und Ausweichen für den Schiffsverkehr sind von uns Menschen vorwiegend zu wirtschaftlichen Zwecken angelegt. Die natürlichen Ausbuchtungen hat sich das Fließgewässer dabei über lange Zeit selber geschaffen. Kehrströme oder von vielen Anglern auch Rückströme genannt sind ausgesprochen gute Angelstrecken auf alle Fischarten. Für Friedfische besteht in dem meist langsamer fließenden Kehrstrom ein enorm hohes Nahrungsangebot. Wo viele Friedfische schwimmen, sind die Räuber natürlich auch nicht weit, um sich ihre Bäuchlein voll zu mampfen. Direkt am Grund oder auch im Mittel- und Oberflächenwasser bestehen beste Chancen, Fische an den Haken zu bekommen. Kehrströme findet ihr in Bächen, Flüssen und Kanälen. In den drei Abbildungen sind Kehr- oder Rückströme mit den halb gerundeten Pfeilen gegen den Hauptstrom eingezeichnet. Die Breite der Pfeile zeigt euch, wo die Kehrströmung am stärksten ist. Auch dicke Barsche mögen gerne Kehrströmungen, wie das Foto beweist.

DREHSTRÖMUNGEN

Auch hier verrät der Name, was gemeint ist. Der Hauptstrom des Fließgewässers wird durch Hindernisse gedreht und bietet uns einen klasse Angelplatz. Anders als bei Kehrströmungen befinden sich diese Hindernisse mitten im Wasser. Große Steine und Inseln sorgen für eine Teilung des Hauptstroms. Direkt hinter dem Hindernis entsteht dabei eine Art Strömungsloch. In diesen Bereich wollen beide abgeteilten Hauptströmungen wieder zusammenfließen und erzeugen einen Strömungswirbel, der sich zu drehen anfängt und damit die starke Hauptströmung abschwächt. Viele Angler nennen deshalb Drehströmungen auch Wirbelströmungen. Anders als beim Kehrstrom können Drehströmungen einen kompletten Strömungskreis schließen. Dadurch entstehen für viele Fischarten Ruhezonen, in denen sie auf Nahrung warten. Vor allem Raubfische suchen solche Standplätze auf. In Bächen sind es meist Forellen und Äschen, während in Flüssen und Kanälen Zander, Barsch, Aal, Quappen und der ein oder andere Hecht zu erwarten sind. Vor den Drehströmungen im starken Hauptstrom könnt ihr mit Rapfen und aktiven Räubern rechnen. In den drei Abbildungen sind Drehströme mit runden Pfeilen gekennzeichnet.

GUMPEN ODER KOLK

Damit bezeichnet man tiefere Wasserbereiche, die ihr auch in den Kehr- und Drehströmen finden könnt, bei Wehren und Schleusen und in Einbuchtungen an Fließgewässern, wo der Hauptstrom volle Lotte gegen drückt. Diese tiefen Löcher, meist Gumpen oder Kolk genannt, sind äußerst fischreich. Die obere Wasserschicht ist dabei meist strömungsstark, während der untere, tiefere Bereich strömungsschwächer ist. Und genau dort stehen die Fische ohne viel Anstrengung und Stress. Wenn über ihnen ein Leckerli vorbeizieht oder schwimmt, müssen sie nur kurz hoch stoßen und zupacken. In Bächen und höher gelegenen Flüssen gehen Forellen, Äschen, Döbel und Alande im Mittel und Oberflächenwasser dabei an euren Haken. Grundnah in der schwachen Strömung fällt eine ganze Menge Nahrung von oben herab. Viele Friedfischarten machen sich das zunutze und suchen in Kanälen und Flüssen am Boden nach Fressbarem. Friedfische ziehen wiederum Raubfische magisch an. In den tiefen Löchern könnt ihr daher mit Zander, Barsch, Wels, Aal und auch Hechten rechnen.

BACHEINLÄUFE

Natürliche, kleinere Bäche, die ohne ein Wehr oder eine Schleuse direkt in ein größeres Fließgewässer strömen, sind gute Angelplätze für alle Fischarten. Die Ufer sind im Mündungsbereich oft von Schilf, Büschen und Bäumen gesäumt. Das bietet den Fischen Deckung, und es fällt eine Menge an unterschiedlicher Nahrung ab. Zusätzlich ist das Wasser aus kleineren Bächen meist klarer und sauerstoffreicher. Kleinere Wassereinläufe könnt ihr an Bächen, Flüssen und Kanälen finden.

BRÜCKEN

Egal ob für Fußgänger und Fahrradfahrer, Autos oder Eisenbahn - Brücken solltet ihr immer als sehr gute Angelplätze an euren Gewässern aufsuchen. An Brücken mit Stützpfeilern im Wasser findet ihr die schon weiter oben beschriebenen Drehströmungen - ein absolut heißer Bereich für Raubfische in Fließgewässern. Aber nicht nur die Räuber haben eine Vorliebe für Brücken. Auch viele Friedfischarten nutzen den Schatten der Brücken als willkommenen Unterstand. Gerade an hellen Tagen spenden Brücken Schatten und das gibt den Fischen eine bessere Deckung. Oft verengen sich Bäche, Flüsse und Kanäle unter Brücken. Dabei entsteht an den Seiten vor und hinter der Brücke eine

Kehrströmung. In diesem strömungsärmeren Wasser könnt ihr je nach der Gewässer-region alle Fischarten fangen. Ein weiterer Vorteil für ein Angelabenteuer ist, dass ihr bei klarem Wasser oft schon von der Brücke die Fische schwimmen seht. Besonders Barben, Döbel, Alande, Forellen und Äschen lassen sich vor Angelbeginn von Brücken gut beobachten. Das geht natürlich nur von Brücken, die für Fußgänger begehbar sind.

SCHILF

Schilf ist ein weiterer Top-Angelplatz, der viele Fischarten magisch anzieht. Schilfgürtel bieten Fried- und Raubfischen Deckung und gleichzeitig ein hohes Nahrungsangebot. Voraussetzung ist allerdings eine Wassertiefe mindestens so hoch wie das Buch, das du gerade in den Händen hältst. Einige sehr hochrückige Fischarten brauchen natürlich tieferes Wasser am Schilfgürtel. Neben Nahrungssuche und Schutz suchen viele Fische Schilfsäume auf, um ihrem Laichgeschäft nachzugehen. Gerade im Frühjahr, wenn die ersten Schilfhalme sich grün färben, könnt ihr viele Friedfische beim Laichen beobachten. Hechte sind schon deutlich früher dran, brauchen das Schilf, aber auch um ihren Nachwuchs durchzubringen. An Schilfgürteln könnt ihr vom Frühjahr bis zum Herbst immer mit guter Beute an euren Haken rechnen.

Wenn das Schilf grün und hoch steht nutzen viele Fischarten diese Plätze als Deckung und bedienen sich an dem hohen Nahrungsangebot.

Unter überhängenden Büschen oder Ästen ist mit vielen Fischen zu rechnen. Am besten platziert ihr euren Köder möglichst dicht vor diesen guten Angelstellen.

BÜSCHE UND BÄUME

Achtet in euren Gewässern auf überhängende Büsche und Bäume. Das sind ganz heiße Angelplätze. Auch wenn noch keine Blätter an den Zweigen sprießen, sind ins Wasser hängende Äste sichere Standplätze für einige Raubfische. Vor allem Hechte sind dann zu fangen, aber auch mit dem vorwiegend friedlichen Döbel könnt ihr rechnen. In Bächen und höher gelegenen Flüssen warten Forellen auf eure Köder. Sind Büsche und Bäume dann endlich grün, gibt es bei den Räubern noch Barsch, Aal und Wels obendrauf. Seid ihr auf Friedfisch aus, geht eigentlich alles bis auf Barben und Alande, die eher mit etwas Abstand zu den Überständen in Richtung Strommitte stehen. Umgestürzte, im Wasser liegende Bäume sind für Hecht, Wels und Barsch ideale Plätze, um auf Beute zu lauern. Einziger Nachteil bei Ästen und Bäumen im Wasser ist die Gefahr, einen Hänger mit dem Köder zu bekommen. Werft euren Köder deshalb möglichst in Stromrichtung hinter dem Ast oder Baum aus. Angelt ihr vor den Unterständen, haltet ein wenig Abstand, ansonsten kassiert ihr einen Hänger. Büsche und Bäume direkt am Wasser findet ihr viel in naturbelassenen Fließgewässern.

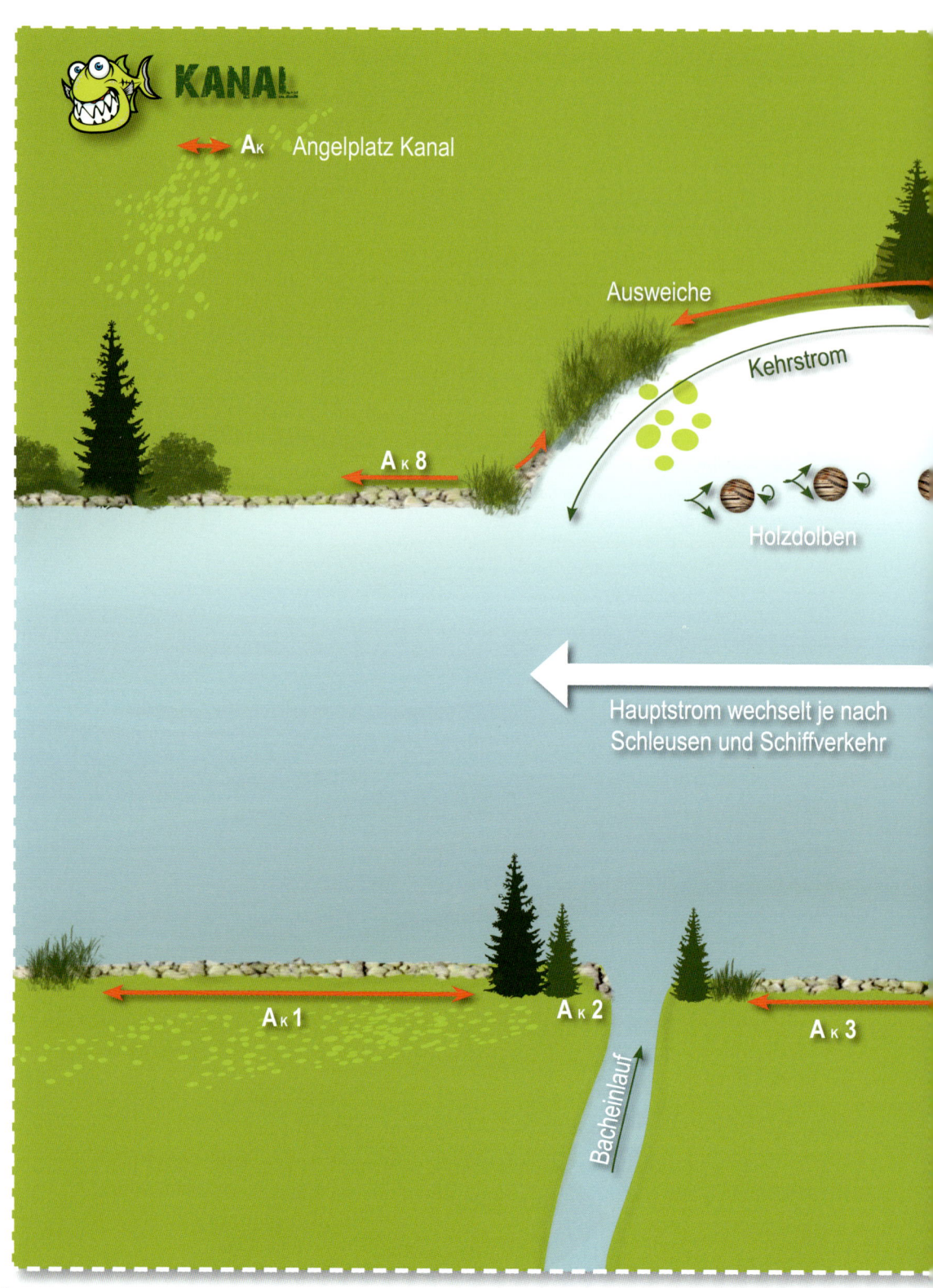

KANAL

Aₖ Angelplatz Kanal

Ausweiche

Kehrstrom

Aₖ 8

Holzdolben

Hauptstrom wechselt je nach Schleusen und Schiffverkehr

Aₖ 1

Aₖ 2

Aₖ 3

Bacheinlauf

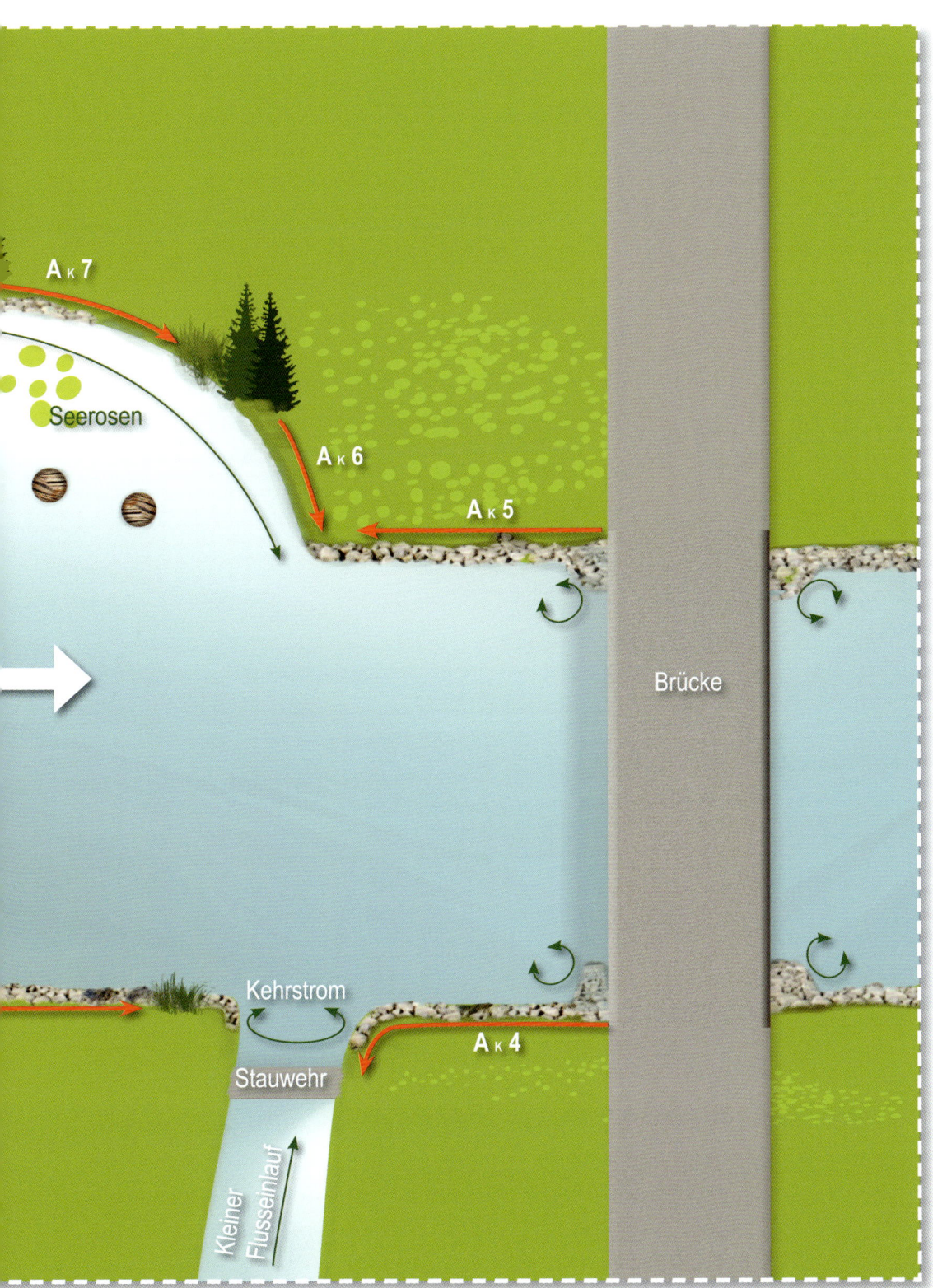

A_k 7

Seerosen

A_k 6

A_k 5

Brücke

Kehrstrom

A_k 4

Stauwehr

Kleiner
Flusseinlauf

BUHNEN

In den größeren Flüssen mit kräftiger Strömung haben wir Menschen künstliche, kleine Halbinseln, die oft wie Nasen aussehen, für eine bessere wirtschaftliche Nutzung im Schifffahrtsverkehr angelegt, vorwiegend um Versandung im Fahrwasser zu vermeiden. Diese „Nasen" werden Buhnen genannt. Diese Buhnenfelder sind äußerst fischreich. Nahezu fast alles tummelt sich da unter der Wasseroberfläche. Zwischen zwei Buhnen entstehen immer Kehrströmungen. In diesem Bereich könnt ihr mit Hecht, Barsch, Zander, Aal und Welsen rechnen. An Friedfischen geht wirklich alles, wobei Schleien und Karauschen eher selten sind. Vor und um die Buhnenköpfe herum sind Rapfen im späten Frühjahr, Sommer und frühen Herbst oft aktiv an der Wasseroberfläche beim Jagen zu beobachten. Um zu fressen, machen die anderen Räuber auch gerne mal einen Ausflug und schwimmen aus dem strömungsärmeren Kehrstrom direkt in den Hauptstrom. Wenn ihr es zur kalten Jahreszeit ab Ende Herbst und den Wintermonaten auf Quappen abgesehen habt, seid ihr auf einer Buhne genau richtig. Da die großen Ströme sehr von Hochwasser beeinflusst werden, achtet immer darauf, euch bei halb oder ganz überfluteten Buhnen nicht unnötig in Gefahr zu bringen.

DALBEN

Mit Dalben werden Pfeiler aus Holz oder Metall bezeichnet. Die aus dem Wasser ragenden Dalben sind für das Festmachen oder Umlenken von Schiffen angelegt. Viele Dalben sind bei größeren Strömen wie beispielsweise der Elbe in Hafenbereichen zu finden. An Kanälen findet ihr Dalben oft an größeren Ausbuchtungen, die auch Ausweichen genannt werden. Wie der Name es schon verrät, sind diese Ausweichen dazu da, dass zwei größere Schiffe aus unterschiedlicher Richtung einander ausweichen. Dazu macht ein großes Schiff an den Dalben fest und lässt das andere passieren. Wegen des Tiefgangs größerer Schiffe ist der Wasserbereich um Dalben über drei Meter tief. Durch das Festmachen von Schiffen wird mit der Schraube viel vom Grund aufgewühlt. Das ist natürlich für eine ganze Reihe an Grundfischen ein wahres „Tischlein deck dich" - Brassen, Güster aber auch kleinere Karpfen fühlen sich da richtig wohl. Aale, Barsche und Zander nutzen die Strömungen um den Dalben als Standort und Jagdplatz. Vor den Dalben im starken Strömungsbereich gehen vom späten Frühjahr bis zum Herbst Rapfen und Alande nahe der Wasseroberfläche an die Haken. Rotaugen könnt ihr auf der gesamten Strecke fangen.

BOOTSSTEGE

Einfach zu erreichende und oft sehr gute Angelplätze findet ihr auf Boots- oder Anlege-stegen. Erkundigt euch auf jeden Fall vor dem Angelbeginn, ob das Fischen dort erlaubt ist. Viele Stege und Anleger sind nämlich leider für unser schönes Hobby gesperrt. Ist das nicht der Fall, könnt ihr nahezu alle Fischarten, die im Fließwasser vorkommen, mit der Angel fangen. Um die Holzpfeiler unter den Anlagen bilden sich Drehströmungen. Dazu sind an den Befestigungen oft viele kleine Muscheln, Krebse und Algen als gern gesehene Nahrung der Flossenträger vorhanden. Ein Bootssteg oder Anleger bietet vielen Fischarten vor allem eine hervorragende Deckung, immer mit der Möglichkeit blitz-schnell aus den Schatten heraus zu schnellen, um einen leckeren Happen oder kleinen Fisch zu verspeisen. Ein weiterer großer Vorteil ist die meist schon hohe Wassertiefe auf Anlegern und Bootsstegen. Oft reicht es schon aus, den Köder direkt vor den Füßen in das Wasser zu schicken. Ein Klasse Angelplatz auf Raub- und Friedfische, den ihr an großen Flüssen oder Kanälen findet.

SEEROSEN UND KRAUTFELDER

Unterwasserpflanzen bieten vielen Fischen in Fließgewässern Schutz und Nahrung. Da-her solltet ihr Seerosen und Krautfeldern im Wasser immer Beachtung schenken. Viele Räuber nutzen das Dickicht der Unterwasserpflanzen als Standplatz, um auf Beute zu warten. Gerade Hecht, Barsch, Aal und auch Wels stehen in und vor Pflanzenbewuchs in Lauerstellung. Aber auch Friedfische finden Seerosen und Krautfelder echt klasse. Karpfen, Schleien und Karauschen weiden wie Kühe auf den Wiesen die Pflanzenhalme nach Schnecken und Muscheln bis zur Wasseroberfläche ab. In den Sommermonaten könnt ihr beim Nacht- und Dämmerfischen oft regelrechte Schmatzgeräusche von den Friedfischen hören, wie unanständig! Brassen und Co. sind da auch nicht weit. Der Untergrund um Seerosen oder Krautfelder ist vorwiegend weich, meist sandig oder leicht schlammig. Je nach Strömung sind davor oder dahinter oft steinige und kiesige Abschnitte. Das sind genau die richtigen Angelplätze für Zander und Barsch. In vielen kleinen Bächen und Flüssen im Bergland bilden sich ab dem Sommer mit den wärmeren Wassertemperaturen große Krautfelder unter Wasser. Im klaren Wasser könnt ihr beim vorsichtigen Annähern an den Seiten und hinter den Krautfeldern oft gute Forellen, Äschen und Döbel ausmachen.

GROSSE STEINE

Felsbrocken oder große Steine, die aus dem Wasser ragen, findet ihr in Bächen und schnell strömenden, flachen Flüssen vorwiegend in der Forellen-, Äschen- und Barbenregion. Daraus könnt ihr auch leicht schließen, was für Fischarten beim Angeln zu erwarten sind. Forellen, Äschen, Döbel, Barben und der ein oder andere Gast aus der Brassenregion beißen auf eure Köder. Die Hauptströmung drückt an diesen guten Angelplätzen gegen die Steine und Felsen. Dadurch bildet sich hinter den Steinen oder Felsen eine Drehströmung. Das sind genau die richtigen Standplätze für die Fische. Versucht euren Köder entweder direkt hinter den Fels oder Stein zu werfen oder lasst ihn möglichst dicht an den Seiten vorbeitreiben.

STEINSCHÜTTUNGEN

Auch bei diesen sehr guten Angelstellen verrät uns der Name wieder, wo es lang geht. Steinschüttungen sind von uns Menschen künstlich geschaffene Uferbefestigungen und ihr findet sie meistens an Kanälen oder großen Flüssen mit Schifffahrtsverkehr. Gerade Kanäle sind oft an den Ufern damit gesäumt. In großen Strömen werden die Buhnen mit Steinen befestigt. Bei Brücken, Wehren und Schleusen werdet ihr fast immer künstlich angelegte Uferbefestigungen vorfinden. Die verwendeten Steine werden im Laufe kurzer Zeit durch Algen, Muscheln, Schnecken und anderen Kleinlebewesen besiedelt. Das bietet den Fischen ein hohes natürliches Nahrungsangebot und so könnt ihr über und vor Steinschüttungen viele Fische fangen. Bei den Raubfischen sind Zander, Barsch, Rapfen und Aal, manchmal auch Hecht und Wels zu erwarten. In den kalten Monaten könnt ihr direkt vor den Steinschüttungen Quappen am Grund fangen. Freunde der Friedfische haben über den Steinen gute Chancen Alande, Döbel und Rotaugen im Mittelwasser an den Haken zu bekommen. Vor der Steinschüttung ist der Grund meist sandig oder schlammig. Dort „grasen" Brassen, Karpfen und Güster den Boden nach Nahrung ab.

WEHRE UND SCHLEUSEN

Um den Wasserstand für den Schifffahrtsverkehr und die Landwirtschaft in großen Flüssen und Kanälen auf möglichst gleichen Stand zu halten, bauen wir Menschen Schleusen und Wehre. In diesen Bereichen ist das Wasser tief und es bilden sich Kehrströmungen. Ähnlich wie bei Bootsstegen und Anlegern ist es leider auch an Wehren und Schleusen nicht immer erlaubt, zu angeln. Achtet daher auf Schilder am Wasser und schaut in eurem Angelschein nach. Die meisten Verbotsbereiche werden dort nämlich schriftlich aufgeführt. Ist das Angeln in Schleusen und Wehrbereichen erlaubt, findet ihr erstklassige Angelplätze. Die Topplätze liegen dabei hinter dem Wehr oder der Schleuse gesehen in Fließrichtung. Das Wasser in diesem Bereich ist tief, sauerstoffreich und bietet für alle Fischarten ein hohes Nahrungsangebot. Egal ob Raub- oder Friedfische, am Wehr oder der Schleuse geht beim Angeln oft die Post ab und ihr könnt eine ganze Menge an unterschiedlichen Fischarten fangen.

Auch Hechte lauern an den Stegen von Wehranlagen auf ihre Beute und stehen oft direkt unter unseren Füßen.

A B 5

Kehrstrom

A B 4

Hauptstrom

A B 6

A B 7

Hauptstrom

BACHLAUF

◀▬▶ A B Angelplatz Bach

Kleiner Bachlauf

Kehrstrom

Hauptstrom

A B 3

A B 2

Strömungsgumpen

A B 1

5 UNTERWEGS AM SEE, TEICH UND WEIHER

Als stehende Gewässer werden Seen, Teiche und Weiher bezeichnet. Eigentlich ist die Bezeichnung „stehendes Gewässer" nicht ganz in Ordnung. Klar entsteht in einem kleinen Teich keine starke Strömung wie in einem Gebirgsbach, aber Bewegung ist trotzdem angesagt. Entweder durch Stauwehre, Schleusen, Bach- und Flusseinläufe oder durch Wind. Wellen die sich durch den Wind auf stehenden Gewässern bilden, bringen immer eine Unterströmung mit sich. Kurz und knapp: selbst durch kleine Wellen kommt auch Bewegung in stehende Gewässer. Bei den Fischen in Seen, Teichen und Weihern ist auch ordentlich Bewegung angesagt. Um sich den Magen vollzuschlagen, müssen die meisten Fische in stehenden Gewässern nämlich zum Teil große Strecken schwimmen.

Seen, Teiche und Weiher werden als stehende oder stille Gewässer bezeichnet. Unter Wasser geht allerdings ganz schön die Post ab.

BUNTE WASSERWELT

An stillen Gewässern gibt es viel zu erleben! Eine ganze Menge verschiedener Tierarten nutzen den Lebensraum am Ufersaum, im Schilf, auf Büschen, Bäumen und Inseln, unter Steinen und in der Erde, als Besucher zum trinken oder für ein kühles Bad. Neben unserem Hobby können wir somit ganz nebenbei viele weitere Tiere beobachten. Von Vögeln über Amphibien, Reptilien, Insekten bis zu kleinen und großen Säugetieren ist da alles drin.

An meinem Hausgewässer, einem großen See in Schleswig-Holstein, leben einige Seeadler. Bei einem Angeltag vom Boot aus hatten mein jüngster Sohn und ich das große Glück, einen ausgewachsenen Seeadler in unmittelbarer Nähe auf der Jagd zu beobachten. Der „König der Lüfte" schlug dabei einem etwa zwei Kilo schweren Brassen seine scharfen Krallen in den Rücken und entflog mit seiner zappelnden Beute zu seinem Horst in einem hohen Baum. Das ist ein unvergessliches, wunderschönes Erlebnis, von dem mein Sohn oft erzählt. Achtet also neben dem Angeln auch auf die Natur, in der ihr gerade seid. Unterwasser geht natürlich auch die Post ab. Neben Krebsen, Muscheln, Schnecken und Insektenlarven gibt es eine ganze Reihe Amphibien und Reptilien wie Ringelnattern, Frösche und Kröten, die unter und über der Wasseroberfläche ihren Lebensraum haben. Fische sind in stehenden Gewässern reichlich zu fangen, und das Schöne daran ist die meist große Artenvielfalt bei den Flossenträgern. Je nach Höhenlage sind die Fischarten ganz unterschiedlich. Das bedeutet kurz und knapp: In einem Gebirgssee werdet ihr vorwiegend Bachforellen und an Flusseinläufen Äschen an den Haken bekommen, während in einem See, Teich oder Weiher im Flachland von Aal bis Zander eine größere Artenvielfalt herumschwimmt. Das ist ganz einfach zu erklären: Die Wassertemperatur in höheren Lagen ist im Durchschnitt deutlich kühler als in niedriger gelegenen Gewässern. Viele Fischarten brauchen im späten Frühjahr Wassertemperaturen um die 16C° damit sie sich vermehren, also laichen können. Rechnet also nicht mit Karpfen und Co. an Bergseen, die erst Mitte April eisfrei sind, oder versucht im Flachland in Deutschlands größtem See, dem Müritz, gezielt auf Äschen zu angeln.

Einen kleinen Sonderfall stellen die Boddengewässer rund um die Insel Rügen in Mecklenburg- Vorpommern dar. Das Wasser der mit der Ostsee direkt verbundenen Bodden ist süß und salzig gleichzeitig. Solch ein Gemisch nennt man Brackwasser. Viele als Süßwasserarten aufgeführte Fische stehen auf Brackwasser. Unter den Räubern sind es vor allem Hecht, Zander, Barsch und Aal. Bei den Friedfischen fühlen sich besonders Brassen, Rotaugen und Alande so richtig wohl.

REICH AN RÄUBERNESTERN

Seid ihr an stehenden Gewässern mit der Angelrute unterwegs, werdet ihr Sternstunden mit vielen verschiedenen Fischen erleben. Je nach der Jahreszeit könnt ihr schon vor Angelbeginn eine ganze Menge abchecken. Ab dem Frühjahr, je nach Schonzeit der einzelnen Raubfische, zeigen sich Hecht und Co. oft beim Jagen an der Wasserober-fläche. Meistens seht ihr dabei ein paar Kleinfische hektisch aus dem Wasser springen gefolgt von einem großen Strudel an der Wasseroberfläche, auch Schwall genannt. Versucht, diese Stelle möglichst ein wenig mit eurem Kunstköder zu überwerfen, bevor ihr wieder einkurbelt. Im Laufe des späten Frühjahrs und im Sommer erwärmt sich euer Gewässer. Zeit für Unterwasserpflanzen, der Oberfläche entgegenzuwachsen. In und um diese Kraut- und Seerosenfelder herum ist dann oft der Teufel los. Kleine Fische sind auf Nahrungssuche an den Pflanzen unterwegs und suchen im Dickicht Schutz. In ihrem Schlepptau ziehen gierige Barsche und eine Vielzahl mehr an Räubern ihre Kreise, um blitzschnell in den Kleinfischschwarm einzufallen und Beute zu machen. Andere Raubfi-sche hingegen lieben kühleres Wasser und schwimmen mit steigender Wassertempera-tur in die tieferen Seebereiche mit kühlerem Wasser. Seeforellen werden beispielsweise während de Sommermonate vorwiegend vom Boot aus über tiefem Wasser gefangen. Auch Zander stehen bei hohen Wassertemperaturen tagsüber lieber im Tiefen, fallen aber mit dem Dämmerlicht und in der Nacht in die flachen Wasserbereiche ein, um sich die Bäuche vollzuschlagen. Vom späten Frühjahr bis in die ersten Herbstmonate ist das

Die Sonne geht, die Räuber sind in Beißlau-ne. Ein klassisches Bild an vielen stehenden Gewässern.

Karauschen mögen gern ruhige, mit Wasserpflanzen bewachsene Abschnitte in stillen Gewässern.

Nachtangeln an stehenden Gewässern oft sehr Erfolg versprechend. Vor allem, wenn ihr es auf Aal, Zander und Wels abgesehen habt. Die Morgen- und Abenddämmerung ist jedoch meistens die beste Angelzeit, in der ihr nahezu alle Räuber zu packen bekommt. Wird die Wassertemperatur Mitte Herbst wieder kühler, zieht es die Fische nach und nach in die tieferen Wasserbereiche. Dort ist die Wassertemperatur dann höher als in den flachen Zonen.

Klares oder trübes Wasser ist an stehenden Gewässern beim gezielten Raubfischangeln oft für den Fangerfolg ausschlaggebend. Ist das Wasser kristallklar, werden viele Räuber am Tage argwöhnisch eure Köder genau unter die Augen nehmen. Denn die meisten Räuber können sehr gut sehen. Beim Angeln kommt es dann oft zu „Nachläufern". Die Fische folgen also dem Köder, attackieren ihn aber nicht.

Ist das Wasser leicht angetrübt, bestehen die besten Chancen auf Fischkontakt am Haken. Dabei nutzen die Räuber weiterhin ihre Augen, um Beute zu machen, beißen aber nicht mehr so heikel. Bei ganz trübem Wasser ist es oft schwer, Fische ans Band zu bekommen. Führt eure Köder dann möglichst langsam oder lasst sie einfach treiben. Grundsätzlich lässt es sich an Seen, Teichen und Weihern nahezu immer prima auf Raubfisch angeln. Mit ein wenig Glück trifft man dann sogar auf ganze „Raubfischnester"!

MIT FREUDE AUF FRIEDFISCH

Seen, Teiche und Weiher in flacheren Lagen bieten vor allem den bekanntesten Friedfischen ein klasse Zuhause. Als der König unter Friedfischen gilt der Karpfen. Klar beißen die gewichtigen Fische auch in Flüssen mit gemächlicher Strömung, in stehenden Gewässern sind die Fangaussichten aber deutlich höher. Um gleich noch einen draufzulegen, könnt ihr an Seen, Teichen und Weihern auch mit richtig kapitalen Schleien und Karauschen rechnen. Die drei, auch als Edelfische bezeichneten Arten, mögen ruhige, seichte Gewässer, um auf dem Grund nach Nahrung zu wühlen. Damit aber noch nicht genug, denn auch Brassen, Rotaugen und Rotfedern wachsen in den stehenden Gewässern zu beachtlichen Größen heran. Mit ein wenig Brot, Mais, Paniermehl oder auch Fertigfutter aus dem Angelladen lassen sich schnell ein paar Friedfische an den Angelplatz locken.

Barben und Döbel stehen auf mehr Strömung und sind vorwiegend in Fließgewässern zu fangen. Alande hingegen sind sowohl in Bach- und Flusseinläufen als auch in Seen und

Teichen selbst anzutreffen. Brassen, Rotaugen und Güster könnt ihr das gesamte Jahr über am Wasser fangen.

Bei kälterer Wassertemperatur im zeitigen Frühjahr, spätem Herbst und Winter grundnah in den tiefen Wasserbereichen und mit Erwärmung des Wassers ab April auch in den gesamten Flachwasserzonen. Größere Rotaugen und Rofdedern könnt ihr in den Dämmerstunden oft auf Nahrungssuche an der Wasseroberfläche beobachten. Die Fische verraten sich meist durch gemächliche Kreise, wenn sie ein paar Insekten einschlürfen. Karpfen, Schleien, Karauschen und Brassen verraten sich beim Umwühlen des Unterwasserbodens oft durch kleine Blasenteppiche. Das Wühlen am Boden wird auch Gründeln genannt. Die Blasen sind dabei sehr fein und kommen in schnellen Abständen an die Oberfläche. Verwechselt das Gründeln nicht mit größeren, einzelnen Blasen, die im Sommer oft über weichem Grund durch Erwärmung aufsteigen. Friedfische können auch noch bei sehr trübem Wasser den Köder riechen und sind bei klarem Wasser am Tage eher vorsichtig. Das Schöne beim Friedfischangeln mit Maden oder Würmern ist, dass oft auch gute Barsche oder sogar ein Aal an den Haken gehen. Selbst Zander und Hecht haben manchmal Lust auf einen Friedfischhappen. Ein Angelfreund von mir hatte beim Brassenangeln das Petriglück, einen Zander von über 6 Kilo mit zwei kleinen Maden zu fangen! Friedfischangeln an stehenden Gewässern ist ein echtes Angelabenteuer und wird oft mit vielen Fischen an der Angel belohnt.

DIE TOP 15 ANGELPLÄTZE AN STEHENDEN GEWÄSSERN

Die Wasserfläche von stehenden Gewässern wird vorwiegend in Hektar angegeben. Ein Hektar entspricht 100 x 100 m Fläche und somit etwa eineinhalb Fußballplätzen. Mein Hausgewässer hat eine Wasserfläche von 224 Hektar. Das sind etwa 336 Fußballfelder Wasseroberfläche. Wenn wir jetzt bedenken, dass viele größere Seen oft über 20 Meter tief sind, erahnt ihr, wie viel Wasser die Fische zum Schwimmen nutzen können. Der Bodensee im Alpenvorland ist sogar bis zu 250 Metern tief und so groß, dass seine Oberfläche in Quadratkilometern angegeben wird. Die Wasseroberfläche des oberen und unteren Bodensees beläuft sich auf 536 Quadratkilometer, das sind sage und schreibe 82.461 Fußballfelder! Da ist es nicht immer einfach die heißen Angelplätze zu finden. Nun aber genug mit Wasserflächen und so. Das Gewicht unsere Beute aus dem Wasser wird nämlich in Kilo angegeben und da sind die Zahlen eher kleiner. Damit ihr eine gute Angelstelle findet, gebe ich einen kleinen Einblick in aussichtsreiche Fangplätze. Beachtet dabei immer, euch einem Angelplatz vorsichtig zu nähern, denn Fische reagieren empfindlich auf Bodenerschütterungen und können bei klarerem Wasser in einem Winkel von etwa 45° auch über der Wasseroberfläche Bewegungen wahrnehmen.

Der erste selbst gefangene Barsch!
Das Erlebnis bleibt ein Leben lang etwas
Besonderes.

GEWÄSSERBODEN

Wie schon erwähnt, ist die Grundstruktur oft entscheidend für den Fangerfolg. Das betrifft vor allem Fischarten, die am Grund ihre Nahrung suchen. Weichen Schlamm solltet ihr beim Grundangeln meiden. Erstens sackt euer Gewicht tief in den Morast ein, und zweitens meiden die meisten Grundfische zu weichen Schlammboden. Bei Sand und Lehm sieht das schon ganz anders aus.

Gerade erfahrene Karpfenangler suchen gern sandigen und auch lehmigen Boden - möglichst mit Muschelbänken in der Nähe. Dabei sind seichte Buchten ab dem späten Frühjahr bis zum Herbst und flache Unterwasserplateaus echte Hotspots, um einen großen Karpfen zu fangen. Brassen, Güster und andere Friedfische drehen ihre Runden im Gewässer und sind vorwiegend über Sand und Lehmgrund, auch mit Schlammanteilen, zu fangen. Grundnah, aber auch im Mittel- und Oberflächenwasser, gehen Alande, Rotaugen und Rotfedern auf eure Köder. Die Räuber verhalten sich jedoch nicht alle gleich, sondern wählen verschiedene Standplätze. Zander bevorzugen Sand-, Stein- oder Geröllhänge unter Wasser. Hechte und Welse stehen gern in Überständen wie versunkenen Bäumen oder lauern in einem Dschungel aus Wasserpflanzen auf Beute. Ausnahmen sind richtig große Hechte, die häufig im freien Wasser den Friedfischschwärmen folgen. Barsche, Aale und Quappen hingegen mögen von allem etwas und sind dann in stehenden Gewässern über unterschiedlichen Böden eine häufige Beute an euren Haken. In Gebirgsseen könnt ihr an abfallenden Unterwasserkanten mit schönen Bachforellen oder auch Saiblingen rechnen.

INSELN

Ganz heiße Angelplätze in stehenden Gewässern sind Inseln, egal wie groß sie sind. Rund um die Eilande steigt der Gewässergrund logischerweise an. Das bedeutet eine Veränderung der Bodenstruktur und damit auch Nahrung und auch Schutz. An den Kanten von Inseln in stehenden Gewässern liegen oft Steine, Geröllhänge, Lehm und Sandanstiege. Alles eine Garantie für Schnecken, Muscheln, Insektenlarven und andere kleinere Wasserbewohner. Da sind dann sowohl die kleinen Fische als auch die ganz großen nicht weit. Zudem bieten Inseln durch Schilf, Bäume und Büsche am Ufersaum auch gute Standplätze für einige Raubfische. Vorgelagerte Seerosen und Krautbänke werden von vielen Fried- und Raubfischarten gern besucht oder gleich als „festes Zuhause" bezogen. Ein kleiner Nachteil von den guten Angelplätzen um Inseln ist allerdings, dass sie oft für Uferangler zu weit im See, Teich oder Weiher liegen und deshalb Bootsangler eindeutig die Nase vorne haben. Achtet bei Inseln im Gewässer immer auf die vorherrschende Windrichtung. In unseren Breiten weht der Wind häufig aus westlicher Richtung. Das bedeutet in der Praxis, dass das Westufer der Inseln tiefer ist als das gegenüberliegende Ostufer. Je nach Jahreszeit könnt ihr bei warmen Wassertemperaturen auf beiden Seiten euer Pertiglück probieren, bei kälteren Wassertemperaturen ist jedoch die tiefere Westseite Erfolg versprechender. Bitte beachtet, dass viele Inseln in Gewässern unter Naturschutz stehen und nicht betreten werden dürfen. Informiert euch immer vor Angelbeginn bei lokalen Angelfachgeschäften darüber oder lest die Bestimmungen auf eurem Angelschein nach.

Inseln in Gewässern sollten ihr immer eine Besuch mit der Angelrute abstatten. Der Erfolg spricht für sich!

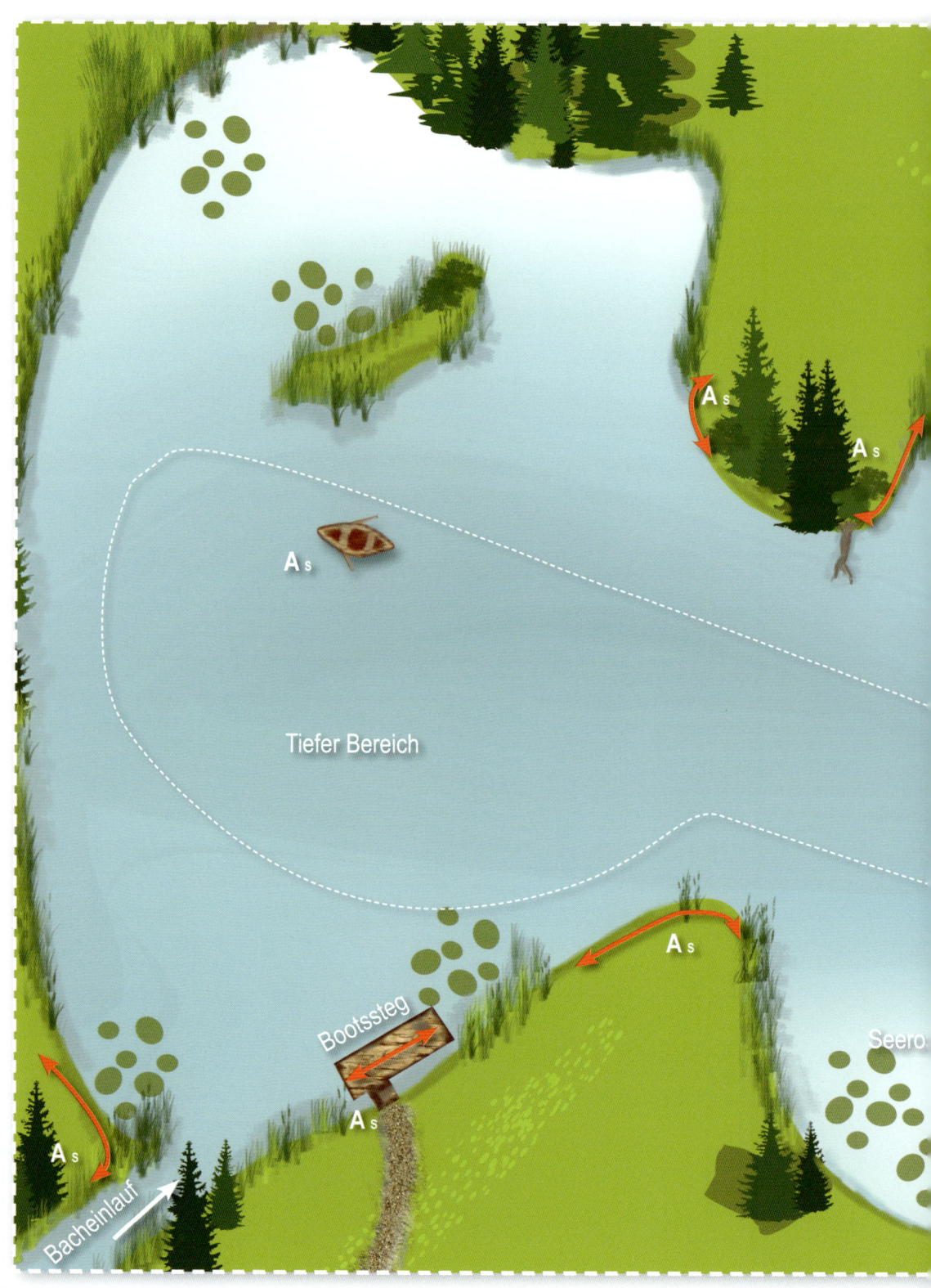

Tiefer Bereich

A s

A s

A s

A s

A s

A s

Bootssteg

Seero

Bacheinlauf

SEE

A s   Angelplatz See

Steinschüttung

Staumauer

Bachauslauf

A s

A s

A s

Tiefer Bereich

Natursteinufer

A s

A s

BACH UND FLUSSEINLÄUFE

Ein super Angelplatz an stehenden Gewässern sind Einläufe von Bächen und Flüssen. Das einfließende Wasser bringt dabei neben viel Nahrung sauerstoffreiches und kühles Wasser mit sich. Gerade im Sommer wenn sich Seen, Teiche und Weiher so richtig aufgeheizt haben, sorgt das für den gewissen Kick bei Raub- und Friedfischen aller Art. Aber auch Ausläufe von Bächen und Flüssen solltet ihr nicht außer Acht lassen. Das Wasser von den stehenden Gewässern wird an diesen Stellen „zusammengedrückt", so dass eine Strömung entsteht und viele Fischarten sich Futter einverleiben können. Viele Friedfische lassen sich so an stehenden Gewässern in den Ein – und Ausläufen fangen. Bei den Räubern sind es vor allem Barsche, Hechte und Welse im „Flachland" und Bach- und Seeforellen, mitunter auch Äschen in den höher gelegenen Seen. Ob vom Boot oder Ufer, ihr solltet solchen Angelplätzen immer einen Besuch abstatten. Achtet dabei genau auf eure Bestimmungen in dem Angelschein. An vielen stehenden Gewässern ist nämlich um die Bach- und Flusseinläufe eine gesonderte Erlaubnis zum Angeln erforderlich oder es gelten besondere Regelungen.

TIEFE WASSERBEREICHE

Gute Angelgebiete liegen auch über den tiefen Wasserabschnitten von stehenden Gewässern. In der kälteren Jahreszeit sind die Wassertemperaturen in Grundnähe wärmer als im flachen Wasser. Die meisten Fischarten brauchen gerade in den Wintermonaten die paar Grad mehr, um besser verdauen zu können. Kurz und knapp, die Fische können dann in den tieferen Bereichen grundnah mehr Futter zu sich nehmen. Also solltet ihr ab Oktober bis zum März beim Gang ans Wasser tiefere Stellen zum Angeln aufsuchen. Klar sind da nicht die tiefsten Stellen im Bodensee mit über 250 Metern angesagt, aber Tiefen zwischen zehn und 30 Metern sind je nach Gewässer beim Winterangeln eine gute Wahl. Vom Frühjahr bis zum Herbst sind die tiefen Wasserbereiche allerdings auch nicht zu vernachlässigen. Bei den Raubfischen gehen dann vor allem Hecht, Barsch und Seeforelle im Mittel- und Oberflächenwasser auf eure Köder. In der Dämmerphase und während der Nachtzeit jagen Zander und auch ab und an ein Wels über den tiefen Bereichen. Sehr vielversprechend für alle Raubfische sind die Kanten, an denen der Grund vom tiefen Wasser ansteigt. Dort könnt ihr auch immer mit Friedfischen rechnen. Rotaugen, Alande und zum Teil auch Brassen ziehen vom spätem Frühjahr bis in die ersten Herbstmonate in großen Schwärmen meistens im Mittel- und Oberflächenwasser über tiefere Wasserbereiche. Oft liegen die guten Angelplätze für das Fischen vom Ufer jedoch sehr weit draußen und lassen sich besser vom Boot aus beangeln.

Ziehen die Futterfische in die tieferen Wasserbereiche folgen die Räuber ihnen dicht auf den Flossen.

In den Abend-, Morgen- und Nachstunden ziehen im späten Frühjahr große Raubaale im Flachwasser ihre Bahnen, um sich an Fischlaich satt zu fressen.

FLACHE WASSERBEREICHE

Erwärmt sich das Wasser ab dem Frühjahr, sind flache Wasserabschnitte super Angelgebiete für alle Fischarten. Durch die Erwärmung werden viele kleine Lebewesen im Wasser wieder munter, und Schilf, Seerosen oder andere Unterwasserpflanzen sprießen der Sonne entgegen. Das sind super Bedingungen für einen gedeckten Tisch, und gleichzeitig bietet die Pflanzenwelt einen natürlichen Schutz. So ist es kein großes Wunder, dass sich nach einer längeren kalten Zeit viele Fische aufmachen, um sich im Flachen so richtig die Bäuche vollzuschlagen. Dazu steht das Laichgeschäft vieler Fischarten bevor, die hierzu besonders die seichten Uferbereiche mit Pflanzenbewuchs aufsuchen, um dort für Nachwuchs zu sorgen. Brassen und Rotaugen könnt ihr häufig im Mai in Massen ihre Kreise entlang der Schilfgürtel ziehen sehen. Oft „kocht" das Wasser dann regelrecht, und überall seht ihr die Fische an der Wasseroberfläche platschen. Das zieht natürlich auch die Räuber an. Hecht und Co. lauern dann tagsüber auf ihre Beute, während Aale sich in den Dämmer- und Nachtphasen an dem Fischlaich zu schaffen machen. Wenn sich das Wasser im Laufe des Sommers weiter erwärmt, verlagern viele Fische ihre Fresszeiten in die frühen Morgen- und späten Abendstunden oder auch in die Nacht. Aber auch am Tage sind die Chancen nicht schlecht, den einen oder anderen Hecht und Barsch nahe des Schilfgürtels an den Haken zu bekommen. Bei sehr klarem Wasser sind die Fische in Flachwasserzonen tagsüber vorsichtiger. Leicht angetrübtes Wasser bringt euch die besten Voraussetzung für einen guten Fangerfolg. Bei ganz trübem Wasser gehen weiterhin Friedfische auf eure Köder, das Angeln auf Raubfische wird dann häufig jedoch schwieriger. Im Laufe des Herbstes fällt die Wassertemperatur in den flachen Wasserbereichen wieder. Dabei sind die ersten Herbstmonate eine hervorragende Angelzeit, in der sich alle Fische noch einmal so richtig vollfuttern, um genügend Reserven für den langen Winter auf den Gräten zu haben.

UNTERWASSERBERGE

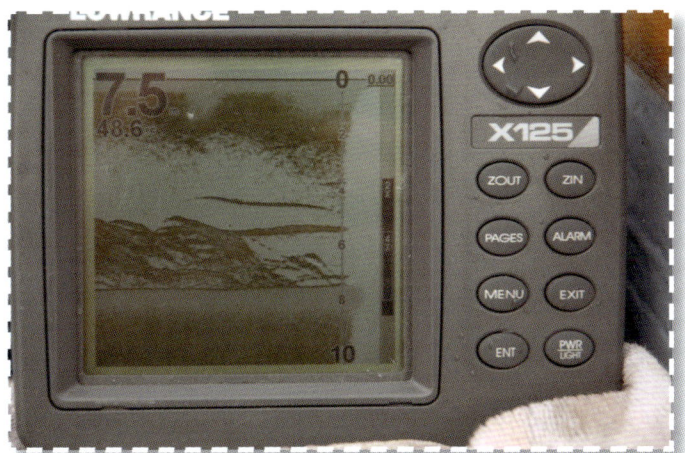

Finden sich häufig in größeren Seen und sind am besten vom Boot aus zu befischen. Um und auf Unterwasserbergen ist immer was los. Vor allem Barschfans kommen da so richtig zum Zuge. Hecht oder Zander sind allerdings auch nicht weit und lauern an den Hängen auf Beute. Viele Friedfische nutzen Unterwasserberge als Fressstation. Die Erhebungen bestehen in der Regel aus Steinen oder Geröllhängen mit sandigen und lehmigen Abschnitten dazwischen. In solchen Bereichen finden die Friedfische viel Nahrung an den Steinen oder dem Gewässergrund. Für Bootsangler ist ein Echolot eine große Hilfe, um die fischreichen Unterwasserberge ausfindig zu machen. Ein Echolot besteht aus zwei wichtigen Teilen: einem Geber, der unter der Wasseroberfläche liegt und den Gewäserboden mit Hilfe von Schallwellen abtastet und einem je nach Modell unterschiedlich großen Bildschirm, in dem gleichzeitig die gesamte Elektronik untergebracht ist. Der Geber ist mit einem Kabel am Gerät verbunden und das Gerät mit einem weiteren Kabel an einer Stromquelle. Der Faustgroße Geber befindet sich dabei an einer Stange knapp unter der Wasseroberfläche. Von ihm aus werden die Schallwellen senkrecht innerhalb eines kleinen Kegels ins Wasser gesandt. Am Gewässergrund angekommen werden die Schallwellen reflektiert und auf dem Gerät an Bord empfangen. Die Zeit zwischen senden und reflektieren nennt sich Laufzeit. Aus ihr wird die Wassertiefe berechnet und auf dem Bildschirm angezeigt. Dabei seht ihr die Oberfläche und den Gewässergrund als Linien. Treffen die Schallwellen auf einen Fischschwarm, wird auch dieser, je nachdem in welcher Tiefe er schwimmt, auf dem Bildschirm angezeigt. Für das Angeln vom Boot aus gibt es spezielle Fischfinder, die neben der Tiefe auch in unterschiedlichen Farben genauer Fische als Symbole auf dem Bildschirm anzeigen können.

LANDZUNGEN

Einen weiteren gute Angelplatz findet ihr auf Landspitzen oder -zungen. Die Erklärung dafür ist denkbar einfach. Zu beiden Seiten der Landzungen liegt bereits das Wasser vor euch. Meist handelt es sich dabei um Einbuchtungen in eurem Gewässer. Das Ende der Landspitze erstreckt sich demzufolge oft weit in das Gewässer hinein. An solchen Plätzen könnt ihr vom Ufer leicht in tieferen Wasserbereichen eure Köder anbieten. Angelt dabei nicht nur direkt gerade heraus vor der Landspitze, sondern werft auch mal nach links und rechts. Damit fischt ihr einen größeren Bereich dieser sehr heißen Plätze ab. Das Wasser an den beiden Seiten der Landspitze ist in der Regel etwas flacher, sollte allerdings auf keinen Fall außer Acht gelassen werden. Besonders im Frühjahr und beim Dämmer- und Nachtangeln sind auf der gesamten Länge der Landspitzen sehr guten Fänge vieler Fischarten möglich.

Von Landzungen ist beim Werfen des Köders schnell tiefes Wasser erreicht. An dieser Kante zum Ufer sind in der Regel immer Fische unterwegs.

STAUMAUER UND SCHLEUSEN

Von uns Menschen gebaute Anlagen, um das Wasser eines Flusses aufzustauen. Die dadurch entstehenden größeren Seen bzw. Talsperren dienen häufig der Energiegewinnung aber auch der Regulierung der Wasserstände. Die nicht natürlichen Bauwerke werden häufig als nicht schön und störend empfunden, sind jedoch häufig sehr fischreich. Das Wasser ist häufig sehr tief und bietet euch das gesamte Jahr über gute Chancen, Fische an den Haken zu bekommen. An vielen Staumauern oder Schleusen ist das Angeln vom Ufer allerdings nicht erlaubt oder nur begrenzt möglich. Holt euch vor dem Fischen auf jeden Fall Informationen über die örtlichen Bestimmungen ein. Bootsangler haben bei Angelverbot vom Ufer oft die Nase vorn und können ohne Einschränkungen unserem Hobby nachgehen. Bei den Raubfischen gehen Zander, Barsch und auch Seeforellen an eure Köder. Bis auf Schleien und Karauschen könnt ihr alle Friedfische vor Staumauern und Schleusen mit der Angelrute fangen.

UMGESTÜRZTE BÄUME IM WASSER

Absolute Superplätze, um gerade Hechte, Welse und auch Barsche auf die Schuppen zu rücken. Vom Frühjahr bis Mitte Herbst solltet ihr solchen Plätzen auf der Suche nach Räubern immer ein paar Würfe schenken. Achtet dabei darauf,

die Köder nicht direkt in die Äste unter der Wasserober-fläche zu werfen, ansonsten bekommt ihr einen lästigen Hänger, der euch schnell den Köder kosten kann. Vor ein paar Jahren bekam ein Freund von mir beim Bootsangeln direkt vor einer umgestürzten Weide im Wasser auf einen Blinker einen kräftigen Biss. Der Fisch zog das kleine Ruderboot regel-recht in die Äste und Blätter der Weide hinein. Mitten im Blatt- und Astwerk schon leicht verkratzt sahen wir einmal sehr kurz einen gigantischen Wels-kopf an der Oberfläche. Kurz danach gab sich die Schur dank der vielen Hindernissen geschlagen, und peng, der Megawels war weg! Wenn ich in der Nähe dieser Angelstelle bin, statte ich ihr regelmäßig einen Besuch ab, bisweilen leider ohne den großen Wels noch einmal zu haken. Auch Friedfische hegen ein besonderes Interesse an umgestürz-ten Bäumen, die im Wasser liegen. Dort fällt eine ganze Menge Futter für sie ab. Viele Bäume, wie zum Beispiel Weiden, können auch noch halb versunken mit den Ästen über Wasser eine wahre Blätterpracht ab dem Frühjahr ans Tageslicht bringen. Vom Stamm und den Blättern fällt da ein wahrer Futterregen an Kleintieren ins Wasser. Da sind natür-lich auch die Friedfische nicht weit und stehen oft direkt unter und neben den Bäumen. „Maul auf und rein damit!" ist dabei angesagt. Achtet bei versunkenen Bäumen darauf, euch möglichst leise und vorsichtig zu nähern. Vom Boot und Ufer habt ihr um versunke-ne Bäume herum richtig gute Angelmöglichkeiten.

TEICH / WEIHER

A T Angelplatz Teich

BOOTSSTEG

Um Anleger und Bootsstege herum ist immer etwas los. Viele Fischarten suchen Deckung unter den Stegen oder Anlegern. Zu dem sind an den Holz- oder Betonpfeilern unter Wasser oft sehr viele Muscheln, Schnecken und andere kleine Lebewesen zu finden. Das zieht natürlich viele Fische an. Erst kommen die Friedfische, um „Kleinzeug" zu fressen und dahinter schwimmen die Raubfische, um die Friedfische zu fressen. Mein jüngster Sohn war nach einer Angeltour mit dem Boot noch ein bisschen mit seiner Spielangel auf dem Steg, um „die Lage zu peilen". Plötzlich durchdrang ein Schrei die friedliche Abendstimmung. „Papa, PAPAAA, der ist riesig!!!". Nachdem ich im Spurt meinen Sohn erreichte, konnten wir zusammen gerade noch beobachten, wie ein Ü-Meterhecht sich die Plastikkrake (leider ohne Haken) einverleibt hatte und mit der Spielangel gemächlich in Richtung tieferes Wasser abzog. Nach vielen Tränen über den materiellen Verlust konnte mein Kleiner bei einem kühlen Eis schon bald wieder lachen. Ein weiterer Vorteil an Bootsstegen und Anlegern ist die oft sehr große Wassertiefe. Gerade, wenn dort auch größere Boote und Schiffe mit Motor anlegen, sind es oftmals mehrere Meter bis zum Grund. Daher werft eure Köder nicht zu weit, denn viele Fische stehen direkt unter euren Füßen. Neben vielen Raub- und Friedfischen ist an Bootsstegen und Anglern auch immer mit vielen Menschen zu rechen. Wenn ihr mit einem Kumpel lieber allein in der Natur angeln wollt, solltet ihr euch einen anderen Angelplatz aussuchen.

Unter und vor Bootsstegen ist immer was los. Oft beißen Barsche und Rotaugen, da sind dicke Hechte natürlich auch nicht weit.

SEEROSENFELDER

Der Untergrund direkt bei Seerosenfeldern ist in stehenden Gewässern häufig sehr weich und schlammig. Da machen einige Fische schnell kehrt oder nutzen Seerosenfelder als Stand- und Fressplatz im Mittelwasser. Daher werdet ihr Alande, Zander und Rapfen eher nicht beim Grundangeln fangen. Andere Fische wiederum sind wie magisch angezogen und fressen direkt am Grund und den Stengeln der Seerosen. Gerade Karpfen, Schleien und Karauschen sind in und direkt vor Seerosenfeldern klassische Beute der Friedfischangler. Hechte, Barsche und Welse nutzen Seerosenfelder an den Randgebieten als Standplätze, um blitzschnell heraus zu stoßen, wenn Beute vorbei schwimmt. Während der Nacht weiden viele Friedfische die Stengel und Blätter der Seerosen ab. Ihr könnt dann oft ein regelrechtes Schmatzgeräusch hören. Ein ganz heißer Angelplatz sind Seerosenfelder auch für Aale. Bei klarem Wasser beißen die „Wasserschlangen" eher in den Dämmerphasen und während der Nacht. Ist das Wasser angetrübt, könnt ihr auch schon tagsüber mit guten Fängen rechen. Seerosenfelder lassen sich sehr gut sowohl vom Ufer als auch vom Boot aus beangeln.

SCHILFGÜRTEL

Klasse Angelplätze findet ihr vor und direkt neben Schilfgürteln. Um die grünen Halme erstreckt sich für alle Flossenträger eine regelrechte Fressmeile. Das wäre für uns wie eine Straße mit vielen unterschiedlichen Restaurants direkt nebeneinander. Vom Burger-Grill bis zum Asia-Imbiss kann dann jeder seinem Geschmack folgen. Genau so sieht es für die Fische um den Schilfgürtel herum aus, nur das Menü ist anders. Von Schalentieren über Insektenlarven, Algen, Würmer und einiges mehr finden Friedfische ein breites Angebot. Wenn viele Rotaugen und Co. unterwegs sind, habt ihr immer äußerst gute Chancen, an die Räuber heranzukommen. Dort ist wirklich mit allem an der Angelrute zu rechnen.

Ab April bis in den Oktober hinein sind Schilfgürtel oft unschlagbare Top-Plätze. Viele Fischarten suchen in den dichten Halmen Schutz oder stehen verborgen auf Lauerstellung. Bootsangler haben bei sehr breitem Schilfbewuchs oder Buchten mit einem kompletten Schilfsaum oft die besseren Karten, wobei ihr natürlich auch vom Ufer aus viele Angelplätze zwischen Schilfgürteln finden könnt. Schilfgürtel bieten auch vielen anderen Tieren Schutz, Nahrung und Nistmöglichkeiten. Daher ist es absolut nicht angesagt, mit dem Boot direkt ins Schilf zu fahren oder am Ufer durchs Schilf zu gehen und es dabei nieder zu trampeln! Habt bitte Respekt vor den Bewohnern und ihrem natürlichen Lebensraum!

Vor Schilf ist mit wirklich allen Fischarten zu rechnen. Sogar Aale werden ab dem späten Frühjahr bereits schon am Tage gefangen.

BÜSCHE UND BÄUME

Ähnlich wie bei Schilf fällt von Büschen und Bäumen mit der blattreichen Zeit immer einiges an Fressbarem ins Wasser. Das machen sich viele Fischarten zunutze und stehen daher unter oder in der direkten Nähe von überhängenden Bäumen und Büschen. Neben dem reichhaltigen Nahrungsangebot sind Zweige und Äste über dem Wasser auch ein sehr gutes Versteck. Gerade an warmen, hellen Tagen mit viel Sonne könnt ihr an solchen Angelstellen Fische fangen. Egal ob Fried- oder Raubfisch, überhängende Büsche und Bäume sind sehr vielversprechende Plätze und immer für Überraschungen am Haken gut. Achtet beim Auswerfen darauf, nicht zu dicht an das Astwerk zu werfen, ansonsten gibt es Hänger.

SCHARKANTEN

Damit wird ein Wechsel der Wassertiefe durch festeren Grund bezeichnet. Meistens besteht der Grund aus Steinen oder Geröll, auch durchzogen mit festem Lehm oder Sand. An den Kanten oder Hängen sind immer viele Fische unterwegs. Bei den Räubern fühlen sich Zander, Barsche, Hechte und auch Forellen sehr wohl. Dabei schwimmen die Fische nicht nur am Grund auf Beutezug herum, sondern sind auch im Mittel- und Oberflächenwasser zu fangen. An den Enden der Scharkante ist der Grund zumeist eben und ohne Steine oder Geröll. Dort ziehen viele Aale und im Winter Quappen ihre Bahn auf der Suche nach Beute. Brassen, Rotaugen, Güster und Karpfen nutzen die ebenen Bereiche vor und hinter Scharkanten ebenfalls, um sich ausgiebig den Magen vollzuschlagen. Scharkanten liegen häufig mitten im Gewässern und sind dann nur vom Boot aus zu beangeln.

STEINSCHÜTTUNGEN

Von Menschenhand als Uferbefestigung angelegte Steinschüttungen findet ihr vor allem in Bereichen von Schleusen, Staumauern, Bootsanlegern und Flusseinläufen. Ähnlich wie bei Scharkanten verändert sich bei Stein- oder Geröllpackung schnell die Wassertiefe. Anders als bei Scharkanten verläuft diese schnell abfallende Kante direkt vom Ufersaum aus. In der Praxis bedeutet das ähnliche Bedingungen wie bei einer Scharkante. Das Schöne dabei ist: Ihr könnt die heißen Bereiche ohne Probleme vom Ufer aus anwerfen und seid nicht auf ein Boot angewiesen. Auch wenn es einmal den einen oder anderen Hänger beschert sind Steinschüttungen richtig klasse Angelplätze mit einer breiten Artenvielfalt unter Wasser.

Mit Sicherheit ein schöner Einstieg in die wunderbare Welt des Angelns sind Seen und Teiche, in denen meist täglich Fische eingesetzt werden. Ich selber schlage sogar vielen Kids, die noch nie so richtig einen Fisch für die Küche gefangen haben vor, mit mir eine Angeltour an einem Forellensee zu starten. Dabei sind die Seen und Teiche oft sehr schön und liegen in einer naturbelassenen Landschaft. Bei den Fischarten sieht es allerdings anders aus. Die eingesetzten Fische sind selten heimische Arten. So könnt ihr an Forellenseen und Teichen mit Regenbogen- und Tigerforellen, Saiblingen oder afrikanischen Welsen und verschiedenen Störarten rechnen. Alle Fische werden dabei gezüchtet und erst ab Fanggröße in die Gewässer eingesetzt. Klar können wir nun sagen, das ist ein wenig „naturentrückt". Für den Einstieg in die wunderbare Angelwelt ist das aber nach meiner Meinung völlig ok. So ein paar frische Regenbogenforellen sind nämlich in der Küche ein absoluter Hit! Wichtig für euch ist, von diesen Gewässern auch wieder zu anderen mit natürlichen Fischarten zu wechseln. Denn bei einigen Anglern geht es bald so weit wie in den Niederlanden. Dort wurden einige Fischparks mit Teichen und Bächen unter Glaskuppeln gebaut, wo es immer warm ist und nie regnet. Das geht meines Erachtens dann deutlich zu weit, und Angler, die solche Plätze aufsuchen, sollten sich zudem die Frage stellen, was Natur eigentlich ausmacht. Für einen kompletten Angeltag an einem Forellen- oder Pay-Teich mit zwei Angeln zahlt ihr in der Regel um die 20 Euro. Im Weiteren gebe ich euch ein paar Tipps und Tricks preis, wie es am Forellensee rund läuft.

An Forellensee werden gezüchtete Fische für die Angler ausgesetzt. So ist es durchaus möglich, ein Paar schöne Goldforellen an die Haken zu bekommen.

GUTE ANGELPLÄTZE

Um hier nicht zu viel Worte zu verlieren und alles doppelt zu moppeln, lest euch auf jeden Fall das gesamte Kapitel „An See, Teich und Weiher" durch. Da findet ihr schon eine ganze Reihe an guten Angelstellen, die auch an Forellenseen punkten. Ein paar Insidertipps gibt es jetzt aber noch obendrauf. Da Regenbogenforellen eigentlich aus den kühlen Flüssen im amerikanischen Hochland von Montana stammen, lieben sie kaltes sauerstoffreiches Wasser. Und wo findet ihr das in Seen und Teichen? Richtig, an Gewässerseite, wo der Wind die Wellen ans Ufer bringt. Denn da ist mehr Sauerstoff vorhanden und das Wasser ist in der Regel kälter. Auch Bacheinläufe bringen sauerstoffreiches Wasser mit sich und sind in den warmen Sommermonaten für die Regenbogenforellen oft wie eine erfrischend kühle Dusche. In vielen Forellenseen und Teichen wird mit Pumpen das Wasser für eine bessere Wasserqualität umgewälzt. Durch diese Pumpen entsteht Sauerstoff, und ihr findet dort ausgesprochen gute Angelstellen. Gerade Regenbogenforellen brauchen viel Luft im Wasser, um gut drauf zu sein. Sucht also immer Plätze auf, wo durch Wind, Wellen, Bacheinläufe, Pumpen oder andere Einflüsse Wasser in Bewegung gebracht wird. Ein eher unnatürliches Verhalten der Forellen bringt euch einen weiteren guten Angelplatz. Viele Besitzer von Forellenseen hältern ihre Fische in entsprechenden Netzkäfigen oder Fischbecken direkt im Gewässer, um nicht ständig bei den Züchtern Fischtransporte zu ordern. Die Fische in den Behältnissen müssen gefüttert werden, um nicht den Hungertot zu sterben. Das geschieht meistens durch Fischpellets, etwa so groß wie eure Cornflakes am Morgen. Viele gezüchtete Forellen sind nicht in der Lage, selbständig auf Futtersuche zu schwimmen, und halten sich daher in der Nähe der Netze oder Kästen auf, um noch ein paar „Leckerlis" zu erwischen.

KLEINE KÖDERKUNDE

Entscheidend für eine ersehnte Attacke an unserer Rute sind die angebotenen Köder. Auch an den Forellenseen hat der Köderboom keinen Halt gemacht. Dementsprechend solltet ihr eine breite Auswahl an Ködern mit am Gewässer haben, um den Tagesbesten dann auch maulgerecht für ein paar fette Forellen einsetzen zu können. Ich stelle euch zehn Topköder vor, damit ihr am Forellensee das gesamte Jahr die Nase vorne habt.

MADEN

Die kleinen Krabbler bringen ordentlich Bewegung an den Haken. Gerade beim Ansitzangeln sind Maden immer eine gute Wahl für bissige Forellen. Je nach Jahreszeit könnt ihr die proteinhaltigen Köder in allen Wasserschichten anbieten. Beim Grundangeln in der kalten Jahreszeit werden Maden mit zusätzlichen kleinen Styroporkugeln als Auftriebshilfe zehn bis 50 Zentimeter über dem Gewässerboden angeboten. Erwärmt sich das Wasser in den Frühjahrsmonaten, kommen Posen- und Wasserkugelmontagen im Mittel- und Oberflächenwasser zum Einsatz. Für eine Tour an den Forellenseen haben sich Bienen-, Tebo- und normale Maden bewährt. Das langsame Einkurbeln von Wasserkugeln und Posen mit einem längeren Vorfach dahinter bringt Forellen auf Trab. In Kombi können Maden mit Forellenpaste oder Würmern oft wahre Wunder bewirken. An den meisten dänischen Forellenseen ist der Einsatz jeglicher Maden allerdings verboten.

WÜRMER

Von vielen Anglern schon fast vergessen sind Würmer immer ein super Köder. Mit steigender Wassertemperatur werden Würmer ab dem Frühjahr von den Fischen gern gefressen. Neben Forellen gehen dabei auch Welse, Störe und andere eingesetzte Fischarten auf den Köder. An der Posen- oder Wasserkugelmontage knapp über Grund verleiten die klassischen Köder besonders in den Morgen- und Abendstunden häufig auch große Forellen zum Anbiss. Bei dicken Tauwürmern könnt ihr den Haken nur durch den Wurmkopf piksen, um dann nach dem Auswerfen sehr langsam wieder einzukurbeln. Neben dem Wurmduft bewegt sich euer Köder dabei verführerisch, was unsere

Beute mitunter ganz wild macht. Mist- oder Dendro-Würmer haben einen sehr starken süßlichen Eigengeruch, dem das feine „Näschen" einer Forelle selten widerstehen kann. Weiterhin gibt es im Fachhandel unterschiedliche Größen an Mehlwürmern, die auch in Kombinationen mit Paste sehr erfolgreich mit allen Angelmethoden eingesetzt werden können.

FORELLENPASTE

Der Boomköder unter den Top 10 ist eindeutig die Forellenpaste. In Angelgeschäften findet ihr eine große Auswahl in allen erdenklichen Geruchsvarianten. Von weißer bis schwarzer Paste mit Glitter oder phosphoreszierend ist es da gar nicht so einfach, eine Auswahl zu treffen. Generell sollte ihr in der kalten Jahreszeit auf deftige Aromen wie Käse, Fisch, Leber oder Knoblauch setzen. Bietet die schwimmende Paste an der Grundmontage knapp über dem Gewässerboden an. In der wärmeren Jahreszeit sind grüne, rote und gelbe Forellenpasten im Mittel- und Oberflächenbereich sehr erfolgreich. An Seen mit sehr klarem Wasser zeichnet sich schwarze Paste durch eine sehr kräftige Silhouette für Forellen deutlicher ab. Allgemein kann Paste an Grund-, Posen- und Wasserkugelmontagen angeboten werden und sollte bei keinem Besuch an einem Forellensee fehlen.

ROGEN

Ein Topköder während der Winterzeit. Als Rogen werden die Eier der weiblichen Fische bezeichnet. Besonders der eigene Rogen wird von Regenbogenforellen als echtes Bonbon betrachtet. Am besten bietet ihr den Rogen in zwei bis drei Zentimeter langen Streifen an der feinen Posenmontage einen Meter über dem Grund an. Beim Grundangeln sorgen ein oder zwei Styroporkugeln über dem Hakenende für den nötigen Auftrieb. Vor allem in sehr kalten Winterjahren , in denen Eisangeln möglich ist, ist Rogen ein absoluter Wunderköder, der bei einer Tagestour nicht fehlen sollte. Eingefroren ist Forellenrogen in vielen Angelfachgeschäften erhältlich. Einfacher und günstiger ist es jedoch, beim Ausweiden von Forellen den Rogen einfach selber einzufrieren.

KÖDERFISCH

Auch wenn die meisten Forellen in den Seen aus Zuchtanlagen stammen und gefüttert werden, ist doch etwas vom natürlichen Jagdverhalten hängen geblieben. Dafür spricht der große Appetit von Forellen auf kleine Fischlein. Bevorzugt werden silberne und goldene Friedfische um die drei Zentimeter. Die toten kleinen Fische können sehr gut an Posen- oder Wasserkugelmontagen geschleppt, also langsam eingekurbelt, werden. Eine einfache Regel lautet dabei: im kalten Wasser tief und bei wärmerem Wasser weiter oben. Damit der Köder gut beweglich bleibt, solltet ihr den Haken durch das Maul des Fischleins ködern. Bei einem Biss braucht die Forelle meist noch ein wenig Zeit, den Köderfisch richtig zu verschlingen. Also nach der ersten Attacke schnell den Rollenbügel öffnen, dann kann die Forelle noch ohne Widerstand zu spüren, ein wenig Schnur von der Rolle ziehen, bevor ihr den Anschlag setzt. Beachtet bitte, dass an vielen Forellen-seen nur Köderfische, die von der Anlage verkauft werden, eingesetzt werden dürfen.

SPINNER

Vor allem vom Frühjahr bis in den späten Herbst sind Spinner immer gut für ein paar Fische. Spinner sind Kunstköder und müssen durch gleichmäßiges Einkurbeln bewegt werden, um Fische zu einem Anbiss zu reizen. Bei trübem Wasser kommen gelbe, rote und weiße Spinner gut an. Ist das Wasser klar, sollte ihr auf Kupfer, Gold und Silber setzen. In Frühjahr und Herbst können auch mal größere Spinner der Klasse 4 für eine große Forelle sorgen, ansonsten sind Modelle der Klasse eins - drei eine gute Wahl.

MINIWOBBLER

Sehr kleine Wobbler fangen richtig gut am Forellensee. Als Wobbler werden künstliche Fischnachbildungen bezeichnet. Um die leichten und kleinen Wobbler weit auszuwerfen werden Sbirolinos als Hilfe ver-wendet. Sbirolinos sind eigens für das Schleppan-geln entwickelt. Dabei befindet sich der Köder an einem längeren Vorfach etwa zwei Meter hinter dem Sbirolino. Sbirolinos werden also nur als

Gewicht für das Auswerfen genutzt. Einige Modelle sinken dabei, andere schwimmen auf der Wasseroberfläche. So können Angler selbst im Winter mit schweren, schnell sinkenden Sbirolinos Miniwobbler richtig auf Tiefe fischen. Ziehen die Fische im Sommer nahe der Oberfläche ihre Kreise, werden schwimmende Sbirolinos eingesetzt. Die etwa zwei Zentimeter langen Wobbler fangen bei klarem Wasser in dunklen und bei trübem Wasser in grellen Farben am besten.

STREAMER

Streamer sind künstliche Nachbildungen von Insekten, kleinen Fischen und Garnelen auf einem einzelnen Haken und zu jeder Jahreszeit ein guter Köder am Forellenteich. Im Winter werden Streamer sehr langsam und tief mit langen Vorfächern hinter sinkenden Sbirolinos geschleppt. Bei warmer Wassertemperatur wird mit mehr Tempo gearbeitet und der Köder in Mittel- und Oberflächenwasser geschleppt. Die klassischen Streamermodelle am Forellensee sind schwarz mit abstehenden weichen weißen Gummiborsten. Aber auch bunte Modelle mit Glitter oder ganz schwarze Streamer sind erfolgreich. Setzt bei klarem Wasser auf dunkle und bei angetrübtem Wasser auf grelle Farben. Streamer können auch sehr gut an der Fliegenrute gefischt werden.

TWISTER

Als Twister werden Gummiwürmer mit einem extra weichen und beweglichen Schwanz bezeichnet. Diese Gummiköder fangen am Forellensee ebenfalls sehr gut. An einigen Tagen sind kleine Twister und Gummifische um die drei Zentimeter unschlagbar. Je nach Jagdverhalten der Forellen könnt ihr mit sinkenden oder schwimmenden Sbirolinos die Köder auf Weite und Tiefe bringen. Von weiß bis schwarz können alle Farben verwendet werden, bei klarem Wasser sind dunklere Farben besser.

EIN ASS IM ÄRMEL

Forellen lieben es deftig, dementsprechend stehen Lockstoffe wie Fisch, Blut und Shrimps ganz oben bei den zusätzlichen Reizen. Das Dippen und Besprühen von Maden, Würmern oder kleinen toten Köderfischen bringt die begehrte Beute manchmal richtig in Fresslaune. Achtet bei zusätzlichen Lockstoffen allerdings darauf, nicht zu übertreiben. Die Lockstoffe sind in der Regel stark konzentriert und bei zu viel Blut lockt ihr beim Auswerfen allenfalls eine Fledermaus an.

Mit Würmern fangt ihr neben Forellen auch Welse und viele andere Überraschungen, vor allem beim Nachtangeln.

Auch das ist am Forellensee keine Seltenheit mehr. Viele Betreiber setzen vermehrt Störe in die Gewässer.

VOR DER HAUSTÜR - STREETFISHING

von Eric Otten aus Hamburg

© Philip Scheuermann

Welche Orte verbindet man üblicherweise mit dem Angeln? Am ehesten kommen uns da wohl Flüsse, Bäche, Seen und Tümpel oder Dorf- und Forellenteiche in den Sinn. An städtische Kanäle, Häfen und Parkan- lagen denken da- bei die wenigsten. Ein klarer Fehler, denn auch dort kann man fantastisches Fischen erleben. Natürlich unterscheidet sich das urbane Fischen in unseren Städten deutlich vom Angeln in unberührter Natur oder dem Gedränge am Forellensee. Deshalb hat diese Art des Angelns auch ihren eigenen Namen bekommen und ist heute als „Streetfishing" bekannt.

Doch wie kommt man auf die Idee, mitten in einer Großstadt Angeln zu gehen, wo man doch auch in der Natur seine Ruhe suchen könnte? Wer damit angefangen hat, kann ich unmöglich beantworten, wo der Trend her kommt jedoch schon: Paris ist die Heimatstadt dieses Fischens als Sport. Natürlich hat auch in anderen Städten schon der ein oder andere Angler seine Fische gefangen, bevor der Hype kam, aber richtig modern, bekannt und beliebt wurde es erst nach und nach. Heute ist es ein interessanter und lohnender Bestandteil der Angelfischerei. In Städten wie Paris, Amsterdam, Kopenhagen, Hamburg, Berlin, Lübeck und vielen anderen geht vor allem die jüngere Generation der Angler auf Fischsuche. Dabei wird mit Fahrrad, S- und U-Bahn, Bussen und zu Fuß Strecke ge- macht. Kein Gewässer bleibt unbefischt, egal wie schwer es zu erreichen ist. Im Notfall wird geklettert, sodass auch eine fünf Meter hohe Brücke keine Barriere darstellt. Mit leichtem Gepäck gilt die Devise: Wo Fisch ist, wird gefischt, notfalls auch zwischen dem Dönerladen und Busbahnhof. Gerade für Anfänger kann es schwierig sein, zu verstehen, welche Besonderheiten diese Angelei mit sich bringt und was es zu beachten gilt. Ich versuche im Folgenden einen kleinen Einblick, in die fantastische Fischerei in urbaner Umgebung zu geben.

GEWÄSSERAUSWAHL UND BESONDERHEITEN

Als Anfänger steht man gerade in Städten wie Hamburg vor einer schier unendlichen Masse an fischbaren Gewässern, die unterschiedlicher nicht sein könnten. Das Spektrum reicht von flachen, kleinen Teichen bis zum reißenden Strom wie z.B. der Elbe, die bei uns In Hamburg unter Gezeiteneinfluss steht. Dies bedeutet, dass die Ebbe und Flut der über 100 Kilometer weit entfernten Nordsee deutlich bis zu uns nach Hamburg spürbar sind. Dabei ist es nicht immer einfach, die besten Strecken und Stellen zum Fischen zu finden. An Seen und Teichen in der Stadt unterscheidet sich die Angelei nur wenig bis gar nicht vom klassischen Angeln. Bei Kanälen und Hafenbecken sieht die Situation schon ganz anders aus. Hier gibt es keine Bäume, unter denen die Fische stehen, wenige besondere Kanten, keine Seerosen auf der Wasseroberfläche und allgemein wenig Vegetation darunter. Hier muss man nun ein wenig genauer hinschauen und das Gewässer genau analysieren. Oft müssen wir viel Lehrgeld in Form von abgerissenen Montagen und Jigköpfen zahlen, bis man seine Fischgründe kennt.

Man kann sich zur Fischsuche aber hervorragend an einigen Merkmalen orientieren, die Strukturen und Strömungen anzeigen. So sind beispielsweise Spundwände und Poller grundsätzlich gute Anlaufpunkte. Kommen dann noch Kurven oder Ecken in der Uferbefestigung dazu, hat man meistens einen guten Spot gefunden. Für Fische die gern im Schatten stehen, wie etwa Barsche und Zander sind zudem Brücken immer absolute Hotspots! Hier sollte man allerdings auch mit vielen Abrissen rechnen, da gerade an und unter Brücken der Gewässergrund meistens geradezu bedeckt ist mit Einkaufskörben, Fahrrädern und anderem Gerümpel. Brücken sind besonders auch im Winter für Angler von Bedeutung, da die meisten Gewässer unter Brücken zuletzt zufrieren und dort noch die Möglichkeit zum Fischen besteht, wenn sonst schon alles mit Eis bedeckt ist.

Eislücken findet man ebenfalls an Stellen, an denen das Wasser eine höhere Temperatur hat als im Rest des Gewässers. Dies geschieht zum Beispiel durch Abwärme umliegender Gebäude. Diese warmen Zonen sind ab Herbst meist gestapelt voll mit Brutfischen und werden dementsprechend häufig von Räubern aufgesucht. Neben Bauwerken sind auch Passanten und Vogelfreunde gute Indizien für Fisch am Platz. Dort wo viele Menschen Enten, Schwäne und Co. mit Brot und Essensresten füttern, sind immer auch Karpfen, Brassen und andere Weißfische am Platz, die wiederum auch Raubfische anlocken. Wenn an diesen Stellen gerade nicht gefüttert wird und die Vögel sich zerstreuen, beginnen die Brassen meist als erste, den Grund von Futterresten zu befreien und man kann dort Fischen, ohne ein hohes Risiko einzugehen, mit den Vögeln in Konflikt zu geraten.

Der wichtigste Ratschlag zur Fischsuche in der Stadt lautet jedoch wie folgt: mobil bleiben, Neues ausprobieren und selbst testen. In Städten sind die Gewässer ständig einer enormen Anzahl von Fremdeinflüssen ausgesetzt, wie etwa Bauarbeiten, Temperatur- und Wasserstandsänderungen, Boots- und Schifffahrt und auch wechselndem Befischungsdruck. Deshalb kann der Topspot des letzten Jahres im nächsten Jahr eine konstante Nullnummer sein. Man sollte also stets neugierig bleiben und selbst testen und ein wenig erforschen, welche Besonderheiten das eigene Gewässer mit sich bringt!

WAS MUSS MIT?

Das verwendete Gerät richtet sich immer nach dem Zielfisch bzw. den Zielfischen. In den meisten Städten ist der Barsch der Hauptzielfisch, weshalb sich als Einsteigercombo eine mittelschwere Barschrute empfiehlt. Eine Rute zwischen 1,80 und maximal 2,10 Metern und einem Ködergewicht von etwa 5-25 Gramm deckt die meisten Einsatzbereiche flexibel ab. Mit dieser Rutenklasse ist man in der Lage, auch Zander, Rapfen und kleine bis mittlere Hechte befischen zu können. Diese Fische können wir nämlich jederzeit als Beifang erwarten. Und diese wollen wir natürlich auch anständig drillen können, was durchaus wichtig ist, denn gerade kampfstarke Rapfen können Barschangler schnell überraschen. Die meisten städtischen Gewässer sind von überschaubarer Breite, selten hat man es mit Flüssen oder Seen zu tun, die große Wurfweiten erfordern. Wichtig ist die Länge der verwendeten Ruten vor allem auch für den Transport. Eine Rute von mehr als zwei Metern ist sperrig und stört bei der Nutzung von Bus, Bahn oder auf dem Fahrrad. Mehrteilige Ruten lassen sich bequem transportieren und bei einer Gesamtlänge von unter zwei Metern ist auch der Transport von einteiligen Modellen kein Problem. Dazu kommt, dass die einteiligen Ruten meistens eine bessere Aktion haben als geteilte Ruten.

Die Wahl der Rolle hängt von der Erfahrung des Anglers selbst und dem persönlichen Geschmack ab. Stationärrollen bieten einfaches Handling, leichtes Werfen auf beengtem Raum und höhere Wurfweiten. Baitcastingrollen trumpfen mit präzisem Werfen auf kurzer Distanz und angenehmerer Haltung auf. Unabhängig vom Rollentyp sollte aber darauf geachtet werden, dass die verwendete Combo möglichst nicht allzu schwer und vor allem gut ausbalanciert sein sollte. Das ist nämlich recht angenehm, wenn Du den ganzen Tag zum Angeln unterwegs bist, da wir meist nur eine Rute und Rolle mit uns führen. Bei Ködern gilt die Devise: Weniger ist mehr. Natürlich sollte man eine breite Auswahl an Ködern mit sich führen. Aber um möglichst viele verschiedene Situationen am Wasser bewältigen zu können, wird allerdings zu schweres Gepäck schnell zur Belastung. Es reicht ein guter Rucksack oder eine Umhängetasche mit 2 bis 3 Tackleboxen. Gefüllt sind diese mit verschiedenen Jigs, Finesse-Rig-Zubehör, einigen Softbaits, z.B. kleine Swimbaits, Creature-Baits und Gummiwürmern, einigen flach- bis tieflaufenden Wobblern und Kleinteilen. Dazu Fluorocarbonvorfach, ein paar Stahlvorfächer, eine gute Lösezange, ein Maßband, ein Messer und natürlich je nach Gewässer die erforderlichen Papiere und der Bundesfischereischein.

Je nach Gewässer und regionaler Gesetzeslage muss man natürlich auch eine Landehilfe mit sich führen, hierzu empfiehlt sich entweder ein gummierter Unterfangkescher oder ein Spundwandkescher. Der Spundwandkescher, eine spezielle Konstruktion zum Landen von Fischen aus großer Höhe (z.B. an Spundwänden) ist in Städten wie Hamburg ein Pflichtkauf.

© Philip Scheuermann

FISCHEN MIT PUBLIKUM

Beim Angeln in der Stadt ist man eigentlich nie allein. Man ist ständig irgendwelchen neugierigen, ungläubigen oder skeptischen Blicken ausgesetzt. Darüber sollte man sich im Klaren sein und man muss lernen damit umzugehen, wenn man in Städten fischen möchte. Die erste Warnung gleich vorweg: Nicht alle Passanten sind dem Angler gegenüber freundlich gesinnt. Man hat es von Zeit zu Zeit mit diversen Typen von Angelgegnern zu tun. Das Spektrum reicht von Vogelschützern, die sich an den abwegigsten Orten fürchten, ein vorbeifliegender Vogel könnte sich ja in der Angelschnur verfangen. Dann sind da Tierschützer, die meist äußerst unfreundlich und verbal aggressiv dem Angler gegenüber auftreten. Oder Spinner mit Langeweile, die einfach nur jemandem auf die Nerven gehen wollen. Dann gibt es auch Leute, die Angler einfach aus „ästhetischen Gründen" nicht in ihrem Blickfeld haben wollen und fordern, man solle doch bitte verschwinden. All diese Typen sind nervig und stören die Freude am Fischen, aber man muss mit ihnen klarkommen. In all diesen Fällen hat sich ignorieren und ruhig bleiben am besten bewährt. Es hat sich gezeigt, dass diese Menschen auch irgendwann wieder verschwinden und mit der Zeit entwickelt man ein gewisses „dickes Fell" gegen derartige Personen. Sollte mal jemand handgreiflich werden, ist notfalls die Polizei auch schnell vor Ort. Die unerfreulichen Passantenkontakte sind etwas, was durchaus passieren kann, zum Glück ist dies aber eher die Ausnahme als die Regel.

Viel häufiger findet man sich in lustigen und absurden Situationen am Wasser wieder. Ich habe in den letzten Jahren in Hamburg beim Angeln viele lustige Begegnungen gehabt, die es durchaus wert sind, erzählt zu werden: Im Sommer 2012 stand ich mit zwei Freunden an einem Teil der Alster, als wir einen Mann bemerkten, der uns schon ein paar Minuten zuzusehen schien. Wir ließen uns nicht stören und fischten konzentriert weiter. Jedoch stand der Beobachter nach einigen weiteren Minuten noch immer hinter uns und wurde nun neugieriger, woraufhin er sich näherte und fragte: „Jungs, sagt mal…angelt ihr?" Mit dieser Frage hatte wohl keiner von uns gerechnet! Man könnte jetzt meinen, das sei schon eine absurde Reaktion auf uns Angler, aber weit gefehlt! Eine Passantin sah einem meiner Freunde beim Zurücksetzen eines Zanders zu, sah diesen davon schwimmen und fragte daraufhin ganz verwundert, ob dies ein echter Fisch gewesen sei. Ob ihre Verwunderung wohl daher rührte, noch nie einen Angler gesehen zu haben, der einen Fisch behutsam zurücksetzt oder dass sich die Dame nicht vorstellen konnte, dass es lebende Fische im Alsterkanal geben könnte? Noch häufiger passiert es, dass Gummiköder für echte Fische gehalten werden und dann Fragen kommen, ob es denn erlaubt sei, lebende Köderfische zu verwenden. Hin und wieder versuchen Passanten uns auch vehement zu erklären, dass es in dem befischten Gewässer keine Fische gäbe, selbst dann, wenn diese sich gut sichtbar an der Oberfläche aufhalten oder man bereits einige gefangen hat. Bei diesen und anderen absurden Erlebnissen am Wasser haben ich und meine Mitangler schon oft ein wenig an der Intelligenz oder der Auffassungsgabe unserer Beobachter gezweifelt.

Natürlich sind nicht alle Situationen so absurd, fast täglich hört man beim Fischen direkt in der Stadt folgende Fragen: „Sind da Fische drin?", „Ist das hier Salzwasser oder Süßwasser?", „Kann man die essen?", „Was fängt man hier? Aale?", „Schon das Abendessen gesichert?", „Ist das nicht viel zu dreckig?", „Wo ist denn der Schwimmer?", „Ist das nicht viel zu laut hier?" Dabei merkt man schnell, dass viele Leute entweder schlecht informierte Touristen oder tatsächlich Einwohner der Stadt sind und dennoch keine Ahnung von ihrer Umwelt haben. Weist man sie dann auf Fische wie Alande an der Oberfläche hin, die z.B. in Hamburg allgegenwärtig sind und sich gern tagsüber an der Oberfläche sonnen, sind manche Menschen erstaunt und interessiert zugleich. Gerade Kinder sehen oft neugierig zu und freuen sich sogar mit, wenn man einen Fisch landet. Manchmal trifft man auch Angestellte aus den Büros am Wasser, die in ihrer Mittags- oder in der Raucherpause uns beim Fischen zusehen. Im Sommer erzählte mir ein Mann, der neben meinem Angelplatz arbeitet, er sei auch Angler. Er zeigte mir ein Fangfoto von sich mit einem schönen Hecht aus Schweden und landete mir sogar freundlicherweise einen Barsch mit dem Spundwandkescher. Freundliche Begegnungen wie diese wiegen die nervigen Reaktionen unfreundlicher Menschen am Wasser deutlich auf! Letztendlich muss jeder Angler selbst seinen Weg finden, mit den Reaktionen anderer Menschen beim Fischen klar zu kommen. Und auch wenn gerade die Reaktionen auf unsere mitgeführte Rute und Gepäck besonders in Bus und Bahn anfangs sehr ungewohnt sind, gewöhnt man sich auch daran und kann viel Spaß und Entspannung am Wasser finden, egal in welcher Umgebung. Einer Tatsache sollte man sich, wie bereits erwähnt, immer bewusst sein: Man wird ständig gesehen und beobachtet. Da Angler in Deutschland leider in der öffentlichen Wahrnehmung einen weitaus weniger positiven Ruf haben, als in unseren Nachbarländern, sollte man hier auch stets ein wenig darauf achten, wie man sich benimmt. Also keinesfalls Müll liegen lassen, keine Fisch-, Futter- oder Schnurreste hinterlassen oder sich Passanten gegenüber unfreundlich verhalten. Natürlich gilt das aber auch für das Angeln an Naturgewässern ohne Zuschauer und sollte eigentlich selbstverständlich sein.

Ich hoffe, ich habe den ein- oder anderen Leser dazu ermutigt, sich an die Angelplätze direkt vor unser Haustür zu wagen. Freuen würde es mich, wenn euch meine Tipps dann zu einem erfolgreichen Fischen innerhalb eurer Heimatstadt verhelfen konnten. Vielleicht trifft man sich ja sogar mal an Alster, Elbe und Co.

© Noel Blunder

Für einen gelungenen Start am Wasser ist die richtige Angelrute und Rolle ganz wichtig. Je nachdem was ihr fangen wollt, wird dabei die Angelausrüstung zusammengestellt. Denn eine noch so tolle Stippangel um Friedfische zu fangen nützt euch nichts, wenn ihr auf Zander, Hecht oder Wels loszieht. Neben der Angelrute ist die Angelrolle und die Stärke der Angelschnur für einen guten Fangerfolg wichtig. In diesem Kapitel beschreiben wir euch erst allgemein Wichtiges über Angelruten, Rollen, Schnüre und stellen dann fünf verschiedene Angelmethoden vor. Zum Ende gibt es Tipps zu weiterem Angelgeschirr. Mit den Infos könnt ihr auf alles angeln, was im Süßwasser herum schwimmt und Flossen hat.

Wenn ihr einige Zeit bei dem schönen Hobby Angeln bleibt, ist schnell mal ein Fahrradanhänger mit „Tackle" gefüllt.

ANGELRUTEN

Es gibt Teleskop- und Steckangeln. Teleskopangeln bestehen aus mehreren zusammenschiebbaren Teilen und sind gut zu verstauen. Zwei Nachteile haben Teleskopangeln allerdings. Erstens werden durch vieles Ein- und Ausfahren der einzelnen Teile die Rutenringe stark belastet und gehen häufiger kaputt. Zweitens könnt ihr, wenn beim Zusammenschieben Sand oder kleine Steine in die einzelnen Teile gelangt sind, die Angel manchmal nicht mehr richtig ausziehen. Seid also beim Ein- und Auspacken der Angeln immer schön vorsichtig. Steckangeln bestehen aus zwei bis drei Teilen, die sich, wie der Name schon sagt, einfach zusammenstecken lassen. Vorteil von Steckangeln ist eine gute Aktion. Das bedeutet, dass die Angel sich mit einer gleichmäßigen Belastung biegen kann. Ein Nachteil von Steckangeln ist, dass sie sperriger zu transportieren sind (ungünstig zum Beispiel auf dem Fahrrad). Auf jeder Angel findet ihr kurz über dem Griff Angaben über das Wurfgewicht. Damit ist das für die Angel am besten geeignete Gewicht zum Auswerfen gemeint. So könnt ihr je nach dem Gewicht eurer Köder die Angelrute auswählen. Dort, wo das Wurfgewicht angegeben ist, findet ihr auch die Länge der Angel. Viele Angelanfänger denken, dass sie mit längeren Angeln weiter werfen können und mehr Fische im Süßwasser fangen. Fischt ihr mit einer Angel ohne Angelrolle, auch Stippangel genannt, ist das schon o.k. Bei Angelruten mit Angelrolle ist eure Größe und die Angelmethode für die Länge der Angel entscheidend. Genauere Angaben über Länge, Wurfgewicht und andere Eigenschaften findet ihr bei den jeweiligen Angelmethoden. Heutzutage werden die meisten Angeln aus Kohlefasern hergestellt. Angelruten gibt es im Fachhandel wie Sand am Meer, die richtige Wahl fällt da nicht immer leicht. Als Einsteiger in die Angelwelt solltet ihr am besten mit Kombiruten starten. Damit lässt es sich auf unterschiedliche Fischarten mit verschieden Angelmethoden fischen.

ANGELROLLEN

Es gibt Stationär- und Multirollen. Die meisten Angler fischen im Süßwasser mit Stationärrollen. Das Auswerfen ist für Einsteiger wesentlich einfacher. Daher werde ich im Weiteren nur über Stationärrollen schreiben. Bei Stationärrollen wird die Schnur waagerecht aufgespult. Die Spule befindet sich dabei über dem Gehäuse. Im Gehäuse befinden sich einige Zahnräder, Kugellager und Metallstifte, mit deren Hilfe ihr Schnur aufdrehen könnt. Zum Auswerfen wird einfach der Rollenbügel hochgeklappt, um Schnur freizugeben. Zum Eindrehen der Schnur wird der Rollenbügel wieder geschlossen. Die Größen von Angelrollen werden meist in 1000er Bereichen angegeben. 1000er sind dabei sehr klein und 8000er sind richtig groß. Große Angelrollen sind natürlich auch richtig schwer. Wenn ihr eine 7000er Stationärrolle den ganzen Tag in den Händen haltet und dreht, seid ihr am Abend so geschafft, dass ihr nicht mal mehr ein Glas Milch anheben könnt. Also sind größere Angelrollen eher geeignet für das Ansitzangeln auf große Fische. Mit Ansitzangeln ist gemeint: ihr werft den Köder aus und wartet bis ein Fisch anbeißt. Dabei könnt ihr die Angel auch ablegen und müsst sie nicht die ganze Zeit festhalten. Ganz wichtig bei der Angelrolle ist eine gute Bremse. Die Bremse findet ihr entweder oberhalb der Spule oder am unteren Ende der Rolle. Die Bremse könnt ihr durch Drehen einstellen, so dass ein großer Fisch nicht die Angelschnur durchreißt sondern Schnur von der Rolle ziehen kann, auch wenn der Rollenbügel geschlossen ist. Rollen für das Fischen mit der Fliegenrute sind ein wenig anders und werden unter der Angelmethode Fliegenfischen extra beschrieben.

Fürs Angeln im Süßwasser sind meistens Stationärrollen angesagt. Diese gibt es in unterschiedlichen Größen, abgestimmt auf Fischart und Angelmethode.

ANGELSCHNÜRE

Das Gewicht, das eine Angelschnur aushält, bevor sie reißt, wird als Tragkraft bezeichnet. Ihr findet auf jeder Schnurspule, die ihr in den Händen haltet, genaue Angaben darüber. Die Tragkraft wird in Kilo angegeben und der Schnurdurchmesser in Millimetern. Es gibt monofile und geflochtene Schnüre. Geflochtene Angelschnüre haben den Vorteil, dass sie wesentlich dünner sind, bei der gleichen Tragkraft wie Monofile. Mit dünnerer Schnur lässt es sich besser und weiter Auswerfen, wenn die Rollenspule gut gefüllt ist. Geflochtene Schnüre haben im Vergleich zu monofilen auch keine Dehnung. Geflochtene Schnur bietet daher einen direkteren Köderkontakt. Damit entgeht euch nicht der kleinste Zupfer von einem Fisch. Allerdings schlitzen einige Fische durch die nicht vorhandene Dehnung der Schnur auch schon einmal aus. Ein weitere Nachteil an geflochtenen Schnüren ist, dass diese bei einen Schnurschlaufe mitten auf der Schnur kaum noch zu entwirren sind. Damit entsteht oft viel Schnurverlust auf der Angelrolle. Wenn weniger Schnur auf der Spule ist, könnt ihr nicht mehr so gut und weit Auswerfen. Noch viel schlimmer ist ein großer Fisch, der mehr Schnur von der Bremse zieht als ihr auf der Spule habt. Auch schlimm ist, dass geflochtene Schnur im Gegensatz zu monofiler sehr teuer ist und schnell eure Taschengeldersparnisse plättet. Fangt ihr gerade erst mit dem Angeln an, ist monofile Schnur somit die bessere Wahl, und ihr könnt mit dem verbliebenen Taschengeld anderes Angelzubehör kaufen. Einige monofile Schnüre haben einen klaren Vorteil. Die Färbung der Schnur ist nämlich transparent, also nahezu durchsichtig. An klaren Gewässern ist das für einen Fangerfolg schon mal ausschlaggebend. Vor allem wenn ihr auf Raubfische aus seid, die ihre Beute mit den Augen verfolgen bevor sie zupacken, sind transparente Schnüre oft besser. Angelt ihr mit zu dicker Schnur, werden vorsichtige Fische davon schwimmen. Ist die Angelschnur zu dünn, kann ein größerer Fisch sie ohne Schwierigkeit durchreißen.

SPINNANGELN

Diese Angelart ist gerade bei Raubfischanglern schwer angesagt und sehr verbreitet. Dabei wird fast nur mit künstlichen Ködern geangelt (Kapitel Köderkunde). Künstliche Köder brauchen Bewegung, um für Hecht und Co. zum „Leben" erweckt zu werden. Deshalb werden beim Spinnangeln Ruten mit einer guten Spitzenaktion verwendet. Das bedeutet, dass der obere Teil der Angel bis zur Spitze nicht zu steif und nicht zu weich. Denn ist dieser Teil der Angelrute unbeweglich, könnt ihr euren künstlichen Köder schlechter im Wasser „lebendig" werden lassen. Bei zu weichem Oberteil der Angelrute ist allein schon durch den Angelköder so viel Spannung in der Rute, dass sich der Spitzenbereich deutlich zu sehr durchbiegt. Spinnangeln haben in der Regel eine Länge zwischen zwei und drei Metern. Je nachdem wie groß ihr seid und wie es mit euren Wurfkünsten steht wird die Länge ausgewählt. Könnt ihr schon gut auswerfen und seid etwas größer gewachsen, sind Spinnruten um drei Meter gut. Wenn ihr erst mit dem Angeln anfangt, noch nicht so gut auswerfen könnt und noch im Wachstum seid, sind Ruten um zwei Meter genau das Richtige. Habt ihr es auf Barsch und Forelle abgesehen, sind Spinnangeln mit einem Wurfgewicht bis 20 Gramm gut. Wollt ihr auf Zander und Rapfen angeln, sind Spinnangeln mit einem Wurfgewicht um die 30 Gramm angesagt. Geht es auf Hecht oder Wels, solltet ihr Wurfgewichte zwischen 40 und 80 Gramm und auch mehr auswählen. Zu einer Spinnangel gehört natürlich auch eine gute Angelrolle. Da ihr beim Spinnangeln den Kunstköder durch Einholen der Angelschnur und Zupfen ständig in Bewegung haltet, ist es ratsam, eine Stationärrolle auszuwählen, die nicht so schwer ist. Für das Spinnangeln sind Angelrollen der 3000er Klasse genau das Richtige. Je nachdem auf was ihr Angeln wollt stellt ihr die Bremse vor Angelbeginn ein. Bei Barsch und Forelle etwas weicher, bei Hecht und Wels fester, aber nie ganz geschlossen. Geflochtene Schnüre haben sich beim Spinnangeln in den letzten Jahren durchgesetzt. Für Barsch und Forelle reichen meisten 0,08mm, bei Zander und Rapfen 0,10mm und bei Hecht und Wels ab 0,12mm. Monofile Schnur ist allerdings auch o.k. Dabei kommen aber andere Schnurstärken zum Einsatz. Für Forelle und Barsch sind monofile Schnüre um die 0,20mm gut. Bei Zander und Rapfen solltet ihr 0,25mm verwenden und bei Hecht und Wels zwischen 0,30-0,35mm.

Für einige Fischarten ist eine leichte Spinnangel von Vorteil, für andere Fischarten braucht ihr ein schwereres Modell.

POSENANGELN

Posen werden auch oft als Schwimmer bezeichnet. Das verrät euch gleich, wofür ihr Posen verwenden könnt. Sie schwimmen nämlich auf der Wasseroberfläche und zeigen meistens durch Abtauchen an, dass ein Fisch den Köder gefressen hat. Die Köder können mit der Posenmontage in allen Wasserschichten und am Grund angeboten werden. Dazu wird die gewählte Angeltiefe durch die Pose eingestellt. Es gibt Laufposen und Feststellposen. Laufposen laufen, wie es der Name schon verrät, auf der Angelschnur und werden durch einen Stopper auf die gewählte Wassertiefe abgebremst. Stopper könnt ihr in jedem Angelgeschäft für wenig Geld kaufen. Wichtig ist, dass ihr erst den Stopper und dann die Pose auf die Angelschnur zieht. Mit Laufposen könnt ihr in tieferem Wasser noch grundnah angeln.

Angelt ihr in flacherem Wasser, könnt ihr auch Feststellposen benutzen. Diese Posen werden, wie es der Name verrät, fest auf die Angelschnur aufgezogen. Damit der Köder die richtige Wassertiefe erreicht und die Pose steht, werden je nach der Tragkraft der Pose verschieden schwere Bleischrote über dem Haken auf der Schnur festgedrückt. Dabei sollte immer genügend Abstand zwischen Haken und Bleischrot sein, damit die Fische nicht misstrauisch werden. Die Tragkraft von Posen wird im Gramm angegeben. In einigen Posen ist schon ein Gewicht eingearbeitet. Das wird in der Angelsprache als „vorgebleit" bezeichnet. Ihr findet darüber immer Angaben direkt auf der Pose. Um nun die genaue Angeltiefe kurz über oder auf dem Grund zu treffen kommt ein Lotblei zum Einsatz. Das Lotblei wird dazu mit einer Klemme an dem Haken befestigt. Dabei ist das Lotblei schwerer als die Tragkraft der Posen und zieht die Pose komplett unter Wasser. Durch Verstellen des Stoppers bei Laufposen oder der Feststellpose könnt ihr nun die genaue Tiefe bis zum Grund bestimmen und loslegen. Mit Posen könnt ihr auf alle Fischarten im Süßwasser angeln. Entscheidend ist natürlich, welchen Köder ihr für welche Fischart anbietet (Kapitel Köderkunde) und welche Art Pose ihr auswählt. Denn in Angelfachgeschäften gibt es sehr viele unterschiedliche Posen zu kaufen. Da bedarf es für Angelanfänger einiger Überlegungen, um eine gute Auswahl zu treffen. Neben den vielen Posen werden je nach der Fischart auch unterschiedliche Angelruten, Rollen und Schnüre eingesetzt. Deshalb beschreibe ich euch drei Angelarten, mit unterschiedlich schwerer Pose zu angeln.

1. Mit schweren Posen angeln

Wenn ihr große Köder verwendet, weit auswerfen wollt oder in sehr strömungsstarkem Wasser angelt, braucht ihr Posen ab 15 Gramm Tragkraft. Es gibt auch richtig schwere Klopper von über 50 Gramm. Posen in der „Schwergewichtsklasse" sind eine gute Wahl, wenn ihr auf Hecht oder Wels mit toten Köderfischen angelt, aber nichts, um auf Rotaugen zu fischen. Je nachdem wie tief euer Gewässer ist und in welcher Tiefe ihr den Köder anbieten wollt sucht ihr eine Lauf- oder Feststellpose aus. Bei Posen ab 15 Gramm Tragkraft solltet ihr auf Bleischrot zum Anknipsen verzichten und lieber eine Bleiolive in der Gewichtsklasse eurer Pose vor dem Vorfach auf die Schnur aufziehen. Wenn ihr an Gewässern mit einem guten Hechtbestand angelt, ist ein Stahl- oder Kevlarvorfach sehr wichtig. Um schwere Posen und große Köder auszuwerfen, braucht ihr auch eine starke Angel, Rolle und Schnur. Angelruten zwischen drei und 3,5 Metern mit Wurfgewichten um die 80 Gramm sind gut. Bei Angelrollen der 4000-6000er Klasse mit mindestens 0,15mm geflochtener Schnur oder 0,35mm monofiler Schnur kann nichts schief gehen.

2. Mit mittelschweren Posen angeln

Die „Mittelgewichtsklasse" bewegt sich zwischen fünf und 15 Gramm. In der Liga könnt ihr je nach eurem Gewässer auf alles Angeln, was im Süßwasser Flossen trägt. In Seen und Teichen geht es mit 15 Gramm Posen auch noch gut auf Hecht und Wels. Für das Angeln mit toten Köderfischen auf Zander oder Aal sind Posen um die zehn Gramm ideal. Mit Würmern, Maden und Co. auf Friedfische, Barsch und Forelle sind Posen zwischen fünf und acht Gramm die richtige Wahl. Je nach Angel- und Gewässertiefe könnt ihr Lauf- oder Feststellposen benutzen. Wenn ihr ein Nachtangeln plant, gibt es im Angelgeschäft auch viele Posen, in die ihr ein Knicklicht schieben könnt. Ein Knicklicht leuchtet etwa zehn Stunden lang und kann für wenig Geld gekauft werden. Angelruten zwischen zwei und 3,5 Metern mit Wurfgewichten um die 30 Gramm und Stationärrollen der 3000-4000er Klasse eignen sich für das Angeln mit Posen der Mittelklasse am besten. Als Schnur nehmt ihr entweder 0,12mm Geflochtene oder 0,25mm Monofile.

3. Mit leichten Posen angeln

Die „Leichtgewichtsklasse" beim Angeln mit Posen reicht bis fünf Gramm. Dabei gibt es extra leichte Posen, die nicht mehr als 0,5 Gramm wiegen. Vor allem Freunde des Friedfischangelns nutzen leichte Posen, um kleine Köder an kleinen Haken für Rotaugen anbieten zu können. Mit Posen zwischen drei und fünf Gramm geht es auch noch gut auf Forellen und Barsch, gerade wenn die Räuber vorsichtig beißen, ist eine leichte Pose noch locker wegzuziehen, wenn unten ein leckerer Köder im Wasser baumelt.

Je nachdem, wo und wie tief ihr angeln wollt, können Lauf- und Feststellposen benutzt werden. In Angelgeschäften gibt es für das Angeln mit leichten Posen sogenannte Matchruten. Das sind eigens für das Fischen mit leichten Posen entwickelte dünne, sehr biegsame Angelruten ab drei Metern Länge. Ihr könnt aber auch gut eine Angelrute um die 2,5 Meter mit einem Wurfgewicht bis 15 Gramm für das Angeln mit leichten Posen nutzen. Angelrollen der 1000- 3000er Klasse sind für das feine Angeln mit Pose gut. Als Schnur könnt ihr 0,08mm Geflochtene oder 0,20mm Monofile verwenden. Bei Stipp- oder Kopfruten wird ohne Rolle gefischt. Sie sind für das Angeln mit leichten Posen ideal. Die Schnur wird dabei an der Angelspitze befestigt. Viele Friedfischprofis setzen Kopfruten von zum Teil über zehn Metern Länge ein. Die Ruten sind allerdings sehr schwer und unglaublich teuer. Wenn ihr es mal mit der „Stippe" ausprobieren wollt, könnt ihr im Angelgeschäft Ruten um die vier Meter Länge für etwa fünfzehn Euro kaufen.

Leichte Posen sind zum Angeln auf Rotaugen, andere Friedfische und bei kurzen Würfen, wenig Welle und Strömung auch für Barsch und Forellen gut.

GRUNDANGELN

Mit der Grundrute sind im Süßwasser immer ein
paar Fische zu fangen. Beim Grundangeln wird, wie
es euch der Name schon sagt, der Köder direkt auf
dem Grund oder etwas darüber angeboten. Um den
Köder am Grund halten zu können und auf Weite
zu bringen, sind Gewichte vonnöten. Klassisch gibt
es da das Grundblei. Das Outfit ist allerdings sehr
unterschiedlich. Bei den Formen des Bleis ist in den
letzten Jahrzehnten so ziemlich alles auf den Angel-
markt entworfen wurden. Von „Oliv-" über „Sarg-" bis
zu Kugel- oder Stäbchenbleien gibt es keine Grenzen.
Lasst euch im Angelfachgeschäft davon nicht abschre-
cken. Eine paar einfache Faustregeln möchten wir euch
mit auf den Weg geben. Erstens: Runde Bleie rollen
bei Strömung mehr als platte Formen wie beispielweise
Sargbleie. Zweitens: Bei weichem Boden sacken Bleie

in den Gewässergrund ein, und die Schnur wird bei einem Biss mit Widerstand freigegeben. Vorsichtige Fische lassen bei Widerstand den Köder liegen und schwimmen davon.
Alle Bleie mit Tropfenform und einem zusätzlich eingearbeiteten Wirbel am oberen Ende
sorgen meist für ein freies Laufen der Schnur. Drittens: Wählt nie zu schwere Bleie. Besser immer gerade so, dass ihr Wurfentfernung und Grundkontakt halten könnt. Viertens:
Achtet beim Kauf von Lochbleien, bei denen ihr die Schnur durch das Blei zieht, darauf,
dass keine scharfen Kanten vorhanden sind. Ansonsten gefährdet ihr eure Schnur, die
durch scharfe Kanten schnell reißen kann. Neben dem Klassiker Blei gibt es mittlerweile ein ganze Menge an Kombinationen für das Grundangeln. Angefangen hat das mit
dem „Tiroler Hölzl" und mit verschiedenen „Bodentastern". Was alle Gewichte mit sich
bringen, ist einfach zu beschreiben. Das Gewicht sitzt unten, und die Schnur läuft weiter
oben durch einen Ring aus Metall oder Plastik. So können auch vorsichtige Fische den
Köder ohne Widerstand fressen. Für das Angeln am Grund auf Friedfische werden ganz
oft Futterkörbe verwendet. Wie es der Name schon verrät, wird in die Körbe Paniermehl
oder Fertigfutter aus dem Angelgeschäft gedrückt. Das lockt viele Friedfische an. Futterkörbe sind etwa so groß wie ein Überraschungsei und an der Seite zusätzlich mit einem
Gewicht beschwert. Nach dem Auswerfen werden Grundangeln auf Angelständer gelegt
und mit „Bissanzeigen" versehen. Je nachdem auf was für eine Fischart ihr es abgesehen habt, gibt es verschiedene Möglichkeiten am Grund zu angeln.

1. Grundangeln mit schweren Gewichten

Wollt ihr an einem See weit auswerfen oder ihr angelt an einem Fluss mit viel Strömung, braucht ihr schwere Gewichte. Mit Grundblei oder anderen Gewichten ab 20 Gramm ist da einiges zu erreichen. An ganz stark strömenden Flüssen werden sogar Gewichte bis 100 Gramm verwendet, um den Köder grundnah anzubieten. Gerade wenn ihr mitten im Strom auf Barben und Aale angelt, braucht ihr schwere Gewichte. Auch zum Grundangeln auf Wels, Hecht und Zander in strömenden Flüssen werden schwere Bleie benutzt, um die toten Köderfische über dem Grund halten zu können. Damit ihr die schweren Gewichte und den Köder gut auswerfen könnt, braucht ihr entsprechend kräftige Angelruten ab drei Metern Länge mit Wurfgewichten zwischen 50 und 150 Gramm. Größere Stationärrollen der 4000-7000er Klasse mit mindestens 0,15mm geflochtener oder 0,35mm monofiler Schnur sind gut. Bei sehr starker Strömung könnt ihr die Angelrute leicht senkrecht auf einen Rutenständer ablegen und an die Angelspitze eine kleine Glocke klemmen. Beißt ein Fisch, bewegt sich die Angelspitze und die Glocke läutet. Ist die Strömung nicht so stark, könnt ihr die Angelrute nach dem Auswerfen waagerecht auf zwei Angelständer ablegen und einen Bissanzeiger in die Schnur zwischen Rolle und unterstem Rutenring hängen. Als Bissanzeiger sind die Plastikhüllen von Überraschungseiern klasse. Um die Ü-Eier gut einhängen zu können, wird an die Oberseite ein Stück gebogener Draht oder ein offener Wirbel gedrückt. Damit könnt ihr den Bissanzeiger super in die Schnur hängen. Je nachdem wie stark das Wasser strömt, könnt ihr das Innere des Ü-Eis mit Steinen oder Sand füllen, damit es schwerer wird.

2. Grundangeln mit leichten Gewichten

Vor allem an Seen, Teichen oder Flüssen mit wenig Strömung eine sehr gute Angelmethode. Ihr könnt, je nachdem was für Köder ihr benutzt, mit vielen unterschiedlichen Fischarten aus dem Süßwasser rechnen. Mit Gewichten zwischen fünf und 20 Gramm geht das Grundangeln am Besten. Da in vielen stehenden Gewässern der Grund eher weicher ist, solltet ihr Bleie oder andere Gewichte verwenden, bei denen die Angelschnur am oberen Ende durch einen Wirbel bzw. eine Metall- oder Plastiköse läuft. Die Angel wird nach dem Auswerfen waagerecht auf Rutenständer gelegt. Dann könnt ihr einen Bissanzeiger zwischen Rolle und unterstem Rutenring einhängen. Wie schon beim schweren Grundangeln beschrieben, eignen sich Überraschungseier sehr gut. Beim Nachtangeln könnt ihr in das Ü-Ei sogar noch ein Knicklicht stecken. Damit entgeht euch dann kein Biss mehr. Weil viele Fische in strömungsarmen Gewässern oft sehr vorsichtig beißen und meist einige Zeit brauchen, bis sie den Köder richtig gefressen haben, gibt es einen einfachen Trick. Nehmt ein Gummiband und knotet es um den Griff der Angel oberhalb der Rolle. Nun könnt ihr die Schnur in einer Schlaufe unter das Gummiband schieben, den Bissanzeiger einhängen und den Rollenbügel öffnen. So kann ein vorsichtiger Fisch ohne viel Widerstand den Bissanzeiger hoch ziehen und die Schnurschlaufe aus dem Gummiband lösen, um dann ungehindert etwas Schnur von der offenen Rolle zu nehmen. Wartet einen kleinen Moment ab, bevor ihr den Rollenbügel schließt und den Anschlag setzt. Für das leichte Grundangeln sind Angelruten um die 2,5 Meter mit einem Wurfgewicht bis 30 Gramm sehr gut. Angelrollen der 2000-3000er Klasse mit 0,10mm geflochtener oder 0,25mm monofiler Schnur runden euer Angelgerät ab. Beim Grundangeln mit leichten Gewichten und beim Angeln mit Futterkörben könnt ihr eine Schwingspitze zusätzlich an eure normale Angelspitze anbringen. Schwingspitzen hängen, wenn ihr eure Angel waagerecht ablegt, senkrecht herunter. Zupft oder zieht ein Fisch am Köder und damit an der Angelschnur richtet sich die Schwingspitze zum Gewässer in die Waagerechte auf. Schwingspitzen werden viel zum Angeln auf Friedfische verwendet. Die etwa 30 Zentimeter langen Schwingspitzen werden in der Regel auf den Spitzenring eurer Angel aufgeschraubt. Dazu braucht ihr einen extra Spitzenring mit einem Gewinde, der im Angelgeschäft gekauft und auch gleich moniert werden kann.

Leicht zu besorgen, leicht für Fische anzuheben, Ü-Eier sind mit ein wenig Hilfe ganz tolle Bissanzeiger beim Grundangeln.

3. Grundangeln mit Futterkorb

Besonders für Freunde des Friedfischangelns eine weit verbreitete Art, am Grund zu fischen. Dazu werden extra entwickelte Feeder- oder Pickerangeln verwendet. Die Angeln haben eine extrem weiche und biegsame Angelspitze. Die Ruten werden nach dem Auswerfen waagerecht etwas seitlich auf Rutenständer abgelegt. Dabei entsteht bestenfalls ein Winkel von 45 Grad zwischen Angelschnur und Rutenspitze. Zupft nun ein Fisch am Köder, wackelt die weiche Rutenspitze. Wenn der Fisch den meist kleinen Köder am kleinen Haken gepackt hat und los schwimmen will, biegt sich die Rutenspitze deutlich Richtung Wasser. Das ist der richtige Moment für euch anzuschlagen, um den Fisch zu haken. Als Gewichte für diese Art des grundnahen Angelns werden Futterkörbe verwendet. Je nachdem wie viel Strömung im Gewässer ist und wie weit ihr auswerfen wollt, werden Futterkörbe in unterschiedlichen Gewichtsklassen eingesetzt. Obwohl die Feeder- und Pickerangeln eine sehr weiche Spitze besitzen, können auch schwere Futterkörbe gut und weit ausgeworfen werden. So angeln Friedfischprofis in schnell strömenden großen Flüssen wie dem Rhein oder der Elbe mit Futterkörben bis über 100 Gramm Gewicht. An den meisten Gewässern reichen Futterkörbe mit Gewichten zwischen zehn und 40 Gramm völlig aus. Bei so verschiedenen Gewichten fällt das Wurfgewicht der Feeder- oder Pikerangeln natürlich auch sehr unterschiedlich aus. Angelt ihr in stark fließenden Gewässern kommen Feederruten ab drei Metern Länge und mit einen Wurfgewicht zwischen 50 und 150 Gramm zum Einsatz. Angelt ihr an einem kleinen See oder Teich, reichen Feeder- und Pikerangeln ab 2,5 Metern mit Wurfgewichten bis 40 Gramm aus. Für das Angeln mit Futterkörben bei viel Strömung sind Stationärrollen der 3000-4000er Klasse genau das Richtige. Ohne viel Strömung sind Angelrollen der 1000-2000er Klasse o.k. Als Schnur wird 0,10mm Geflochtene oder 0,20mm Monofile verwendet.

4. Grundangeln auf Karpfen

Klar geht bei dem oben beschriebenen Grundangeln oder auch beim Fischen mit der Pose mal ein Karpfen an den Haken. Die größeren Karpfen werden allerdings mit der „Selbsthakmethode" beim Angeln am Grund gefangen. Dafür wird wie bei Laufposen ein Stopper auf die Schnur gezogen und dann ein Blei ab 60 Gramm. Die richtigen Karpfenprofis verwenden Blei bis 200 Gramm. Das schwere Blei befindet nach dem Auswerfen direkt oberhalb des Wirbels auf der Hauptschnur. Am unteren Ende des Wirbel wird ein kurzes nicht mehr als 30 Zentimeter langes Vorfach angebracht und am Ende vom Vorfach ein Karpfenhaken montiert. Der Stopper sollte höchstens 30 Zentimeter über dem Blei auf der Hauptschnur sitzen. Karpfen saugen ihre Beute mit ihrem Rüsselmaul am

Grund ein. Wollen sie mit ihrer Beute davonschwim-
men, sorgt der Stopper dafür, dass euer schweres
Blei nach höchstens 30 Zentimetern abrupt ge-
stoppt wird. Das ist wie ein Anschlag und somit
hat sich der Karpfen ganz vorne in dem festen
Maul selber gehakt. Die Angelmethode wird vor
allem benutzt, um große Karpfen auch wieder
in das Gewässer zurückzusetzen, ohne dass
sie sich schwer verletzen. Ganz wichtig dabei
sind die Angelrollen. Denn wenn der Karpfen sich selber gehakt hat, schwimmt er
erst mal los wie ein D-Zug. Deshalb gibt
es extra Freilaufrollen, bei denen neben
der Bremse zusätzlich ein freies Abziehen der Schnur durch einen extra Hebel, meist am
Rollenende, eingestellt werden kann. Wenn ihr keine Freilaufrol-
le habt, geht es auch gut mit der beim leichten Grundangeln beschriebenen
Gummibandmethode.

Für das gezielte Angeln auf große Karpfen sind Rollen der 4000- 6000er Klasse gut.
Die meistens Karpfenspezialisten angeln mit 0,30-0,35mm monofiler Schnur. Nun fehlt
noch die Angelrute, und da gibt es eine einfache Regel: Starke Karpfen erfordern starkes
Angelgerät! Ihr solltet auf jeden Fall Ruten zwischen drei und vier Metern einsetzen.
Bei speziellen Karpfenruten wird das Wurfgewicht nicht in Gramm, sondern in Libs (lbs)
angegeben. Wollt ihr euch eine Karpfenrute kaufen, sind 2,5-3 lbs eine gute Wahl. Wenn
ihr mit normalen Angelruten auf Karpfen geht, sind Wurfgewichte zwischen 60 und 150
Gramm angesagt. Um die Angeln nach dem Auswerfen gut ablegen zu können, verwenden Spezies einen sogenannten Rod-Pod. Das ist ein extra für das Karpfenangeln her-
gestellter Rutenständer. Auf einem Rod-Pod könnt ihr oft bis zu drei Angeln nebeneinander ablegen. Habt ihr kein Rod-Pod, geht es auch gut mit ganz normalen Angelständern.
Da die großen Karpfen oft in der Nacht oder der Dämmerphase an den Haken gehen,
sollten Bissanzeiger verwendet werden, die ihr auch im Dunkeln sehen könnt. Es gibt für
das Karpfenangeln extra Bissanzeiger, die in der Angelsprache meist „Pieper" genannt
werden. Denn neben Licht im Dunkeln fangen die Dinger auch an zu piepen. Ohne
„Pieper" geht es natürlich auch, mit der Überraschungsei-Methode, beschrieben beim
leichten Grundangeln.

FLIEGENANGELN

Das Angeln mit der Fliegenrute erfordert viel Geschick. Mit einer leichten und sehr biegsamen Fliegenrute wird durch Bewegungen mit einem Arm eine spezielle Fliegenschnur nach vorne und hinten geschwungen, bis sie sich fast waagerecht gestreckt hat. Die Fliegenschnur dient dabei als Gewicht, denn der Köder ist meist eine kleine Kunstfliege aus Federn und wiegt deutlich weniger als ein Gummibärchen. Zwischen der Kunstfliege und der dicken Fliegenschnur wird ein zwei bis drei Meter langes Vorfach aus transparenter monofiler Schnur geknotet. Je nachdem, auf was für eine Fischart ihr es abgesehen habt, ist die monofile Schnur direkt vor der Kunstfliege zwischen 0,16 und 0,20mm richtig. An Kunstfliegen gibt es in den meisten Angelfachgeschäften eine große Auswahl. Ihr könnt nämlich mit der Fliegenangel neben Forellen und Äschen auch Hechte, Barsche, Rotfedern und sogar Karpfen fangen. Da die Fischarten ein unterschiedliches Nahrungsangebot bevorzugen, fallen auch die Fliegentypen sehr verschieden aus. Es gibt künstliche Fischlein und Mäuse aus Federn und Stoff, eine ganze Reihe an Insekten und sogar künstliche Brotflocken für Karpfen. Für das Fliegenfischen im Süßwasser kommen vor allem Fliegenruten der 5-6er Klasse zum Einsatz. Als Rollen werden spezielle Fliegenrollen verwendet. Auf den Fliegenrollen wird die Schnur senkrecht aufgespult. Hinter der um die 30 Meter langen Fliegenschnur befindet sich das sogenannte „Backing". Damit

Beim Fliegenfischen ist die Rute meist in Bewegung. Entweder um den Köder an der Fliegenschnur auf Weite zu bringen oder beim Drillen der Fische.

ist eine weitere spezielle dünne Schnur gemeint. Meistens reicht die normale Fliegen-schnur zum Drillen der Fische, bei ganz großen ist aber das Backing erforderlich. Wenn ihr mit der Fliegenrute angeln wollt und selber noch völlig unerfahren seit, empfehle ich euch vorher einen Fliegenfischerkurs zu belegen.

ANGELZUBEHÖR: WAS NOCH MIT MUSS

Angelruten und Rollen mit Schur sind schön und gut, reichen allein für einen guten Fan-gerfolg am Wasser nicht aus. Gerade der „Kleinkram" ist oft für den Fänge von einem gu-ten Fisch sehr wichtig. Einige Dinge davon sind vom Gesetz sogar vorgeschrieben und unbedingt mit dabei zu haben. Ein paar andere Dinge habe ich euch bereits in diesem Kapitel vorgestellt. Nun folgt noch das Nötigste, was ans Wasser mit muss. Infos über die richtigen Angelköder gibt es im Kapitel „Köderkunde".

HAKEN

Ein kleines aber ausschlaggebendes Zubehör, ohne das gar nichts geht, ist der Angelhaken. Die ersten Haken haben sich Jäger vor vielen tausend Jahren aus gebogenen Knochen angefertigt. Heutzutage sind Angelhaken aus Metall und es gibt sie in allen erdenklichen Größen. Die ganz großen Kaliber, um einen Hai oder so zu fangen, scheiden im Süßwasser aus. Die meisten Fische haben nämlich ein kleines Maul. Klar sind Hechte und Welse da au-ßen vor. Die Gierhälse könnt ihr auch mit größeren Haken fangen. Die im Süßwasser nötigen Haken bewegen sich in den Größen 2/0 bis 0/18. Dabei sind 0/18er Haken winzig klein und ihr könnt allenfalls mal eine kleine Made auf den Haken ziehen. 2/0er Haken sind wiederum für das Angeln im Süßwasser so groß, dass Maden da gar nicht mehr aufgezogen werden können. Ihr merkt schon, es gibt unter der Größe der Angelhaken große Unterschiede. Um hier nicht zu viel Worte zu vergeuden und damit weniger Platz für andere wichtige Infos rund

WIE - WO - WOMIT

HAKENGRÖSSE	FISCHARTEN	VORFACHSCHNUR	ANGELMETHODEN	EINSATZGEBIET
2/0 bis 1/0	Wels, Hecht	für Hecht Stahl oder Kevlar, für Wels dicke 0,40-0,60mm monofile Schnur	Spinnfischen, Posen- und Grundangeln	See, Teich, Weiher, Fluss
0/1 bis 0/3	Aal, Zander, Barsch, Karpfen, Quappe	für Aal, Quappe und Karpfen 0,25-0,35mm Monofile, für Zander und Barsch 0,20-0,30mm Monofile	für Zander und Barsch Spinnfischen, Posen- und Grundangeln, für Aal, Quappe und Karpfen, Posen- und Grundangeln	See, Teich, Weiher, Fluss
0/4 bis 0/6	Aal, Zander, Barsch, Quappe, Rapfen, Karpfen, Schlei, Döbel, Barbe	für Aal, Quappe und Karpfen 0,25-0,35mm Monofile, für Zander, Barsch Rapfen, Schlei Döbel und Barbe 0,20-0,30mm Monofile	für Zander, Barsch, Rapfen und Döbel Spinnfischen, Posen- und Grundangeln, für Aal, Quappe, Karpfen, Schlei und Barbe, Posen- und Grundangeln	See, Teich, Weiher, Fluss
0/7 bis 0/9	Barsch, Rapfen, Seeforelle, Karpfen, Schlei, Karausche, Brassen, Güster, Aland, Döbel, Barbe	für Barsch, Rapfen, Schlei, Karpfen, Seeforelle, Döbel und Barbe 0,20-0,30mm Monofile, für Karausche, Brassen, Güster und Aland 0,18-0,22mm Monofile	für Barsch, Rapfen, Seeforelle und Döbel Spinnfischen, Posen- und Grundangeln, für Karpfen, Schlei, Karausche, Brassen, Güster, Aland und Barbe, Posen- und Grundangeln	See, Teich, Weiher, Fluss
0/10 bis 0/12	Bachforelle, Äsche, Schlei, Karausche, Brassen, Güster, Rotauge, Rotfeder, Aland, Döbel	für Schlei und Döbel 0,20- 0,25mm Mono- file, für Bachforelle, Äsche, Karausche, Brassen, Güster, Rotfeder, Rotauge und Aland 0,18-0,22mm Monofile	für Bachforelle, Äsche und Döbel Spinn- Flie- gen und Posenangeln, für Schlei, Karausche, Güster, Brassen, Rotaugen, Rotfedern und Aland Posen- und Grundangeln	See, Teich, Weiher, Fluss und Bach
0/13 bis 0/14	Bachforelle, Äsche, Brassen, Güster, Rotauge, Rotfeder, Karausche	für Bachforelle, Äsche, Karausche, Brassen, Güster, Rotfeder, Rotauge 0,16- 0,20mm Monofile	Für Bachforelle und Äsche Spinn- Fliegen und Posenangeln, für Brassen, Güster, Ro- taugen, Rotfedern und Karauschen, Posen- und Grundangeln	See, Teich, Weiher, Fluss und Bach
0/15 bis 0/16	Brassen, Güster, Rotaugen, Rotfedern	für Brassen, Güster, Rotauge und Rotfeder 0,16-0,18mm Monofile	für alle Fischarten, Po- sen- und Grundangeln	See, Teich, Weiher, Fluss
0/17 bis 0/18	Rotaugen, Rotfedern, Güster, Brassen	Für Rotauge, Rotfeder, Güster und Brassen 0,14- 0,18mm Monofile	für alle Fischarten, Po- sen- und Grundangeln	See, Teich, Weiher, Fluss

ums Angeln im Süßwasser zu haben, zeigt die nebenstehende Tabellen übersichtlich, mit welcher Hakengröße was geht. Neben Einzelhaken gibt es noch Zwillings- und Drillingshaken. Zwillinge und Drillinge werden zum Kunstköderangeln und Naturköderangeln mit toten Köderfischen genutzt oder beim gezielten Welsangeln mit Wurmbündeln. Das Größenverhältnis entspricht dem der Einzelhaken.

WIRBEL

Ein weiteres kleines Teilchen beim Angelzubehör wird von vielen gerne einmal außer Acht gelassen: der Wirbel. Dabei sind Wirbel total wichtig und sollten an keiner Montage fehlen. Denn die kleinen Dinger sind nicht etwa wegen zusätzlichen Gewichtes an unseren Angelschnüren angeknotet, sondern haben noch viel mehr Wirkung. Seht euch einen Wirbel genau an. Der obere Bereich besteht aus einem in der Angelsprache als „Tönnchen" bezeichneten Teil. Das sind zwei Ösen und in der Mitte ein um die eigene Achse drehender Metallstift, geschützt von einer ovalen kleinen Kugel. Die Ösen dienen den weiteren Verbindungen, der Metallstift ist drehbar. Am Wasser heißt das für euch, beißt ein Fisch an, zieht und dreht sich dabei, leistet dieser kleine Metallstift euch große Dienste. Eure Angelschnur kann sich nämlich nicht verdrehen. Ohne Wirbel dreht sich beispielsweise ein Aal zehn oder zwanzig mal beim Herausziehen. Damit dreht sich eure Schnur ebenfalls so oft und wird durch die Drehung unstabil. Der Wirbel lässt einfach gar keine Drehungen zu, weil er sich bei jedem Dreh eines Fisches in sich selber umdreht. Das bedeutet für eure Schnur erst mal keinen Stress und damit für eure gewählte Tragkraft. Ebenso wichtig ist der untere Teil eines Wirbels, in der Angelsprache „Karabiner" genannt. Der Grund ist denkbar einfach. Denn den Karabiner könnt ihr auf und zu klippen. Das erleichtert enorm, ein Vorfach schnell mal auszuwechseln, weil der Haken zu groß oder zu klein ist oder die Schnur zu aufgeraut ist. Die Größe von Wirbeln wird von eins bis 14 angegeben. Dabei ist eins sehr groß und 14 ziemlich klein. Generell solltet ihr für das schwere Posen- und Grundangeln ebenso wie für das Karpfenangeln größere Wirbel einsetzen und für das Angeln mit Futterkörben, leichten Posen und Grundmontagen kleinere Wirbel. Also geizt nicht mit eurem Geld wie Dagobert Duck, Wirbel sind wirklich sehr wichtig und entscheiden oft über den Fangerfolg von Fischen.

KESCHER

Der darf beim Angeln nie fehlen. Vergewissert euch immer, bevor ihr loszieht, ob ihr einen Kescher bei der Angelausrüstung dabei habt. Erstens ist ein Kescher sehr wichtig, um kleinere Fische schonend aus dem Wasser zu heben. Denn untermaßige Fische sind auf jeden Fall wieder in das Gewässer zurückzusetzen. Zweitens braucht ihr einen Kescher, wenn ein größerer Fisch angebissen hat, damit die Angelschnur beim Herausheben nicht reißt oder der Fisch sich beim Zappeln den Köder aus dem Maul schlägt. In Angelfachgeschäften findet ihr eine ganze Menge an unterschiedlichen Keschern.

Beachtet beim Kauf eine kleine Faustregel: Angelt ihr auf Friedfische, sind Kescher mit einem langen Stiel und flachen Netz genau das Richtige. Geht es auf Räuber und große Karpfen, sind breite, runde oder dreieckige tiefe Netze mit einem kräftigen Stiel angesagt. Beim Pirschangeln an Bächen und Oberläufen von Flüssen auf Äsche, Bachforellen und Döbel sind sogenannte Watkescher sehr hilfreich. Diese Kescher haben einen extrem kurzen Stiel und ein tiefes Netz. Der Vorteil von Wattkeschern ist, dass sie sehr einfach zu transportieren sind und einfach im Einsatz zu gebrauchen. Für Angeleinsteiger gibt es in Angelfachgeschäften auch gut geeignete Kescher, die eine Kombination aus allem bieten.

MESSEN UND VERSORGEN DER FISCHE

Neben einem gültigen Fischereischein und wenn nötig auch zusätzlicher Erlaubnis sind einige Angelutensilien gesetzlich vorgeschrieben. Das heißt für euch am Wasser: Diese Dinge müsst ihr dabei haben, wenn ihr kontrolliert werdet. Je nachdem in welchem Bundesland ihr angelt,schwanken die Bestimmungen ein wenig. Also informiert euch noch mal zusätzlich. Was ihr überall mithaben müsst sind: Maßband, Messer und Totschläger für eine „waidgerechte Versorgung eures Fanges". Das heißt kurz und knapp: Ihr müsst den gefangenen Fisch messen (Mindestmaße beachten), den Fisch mit einem Totschläger oder anderen harten Gegenstand auf dem Kopf knapp hinter den Augen durch einen gezielten Schlag betäuben und ihn zum Töten mit einem Messer ins Herz in der Mitte etwas unterhalb der Brustflossen treffen. Eine weitere Möglichkeit, einen Fisch zu töten, ist nach dem Betäuben den letzten Kiemenstrang mit dem Messer durchzutrennen. Hierzu klappt ihr den Kiemendeckel nach oben, um mit dem Messer besser zu hantieren.

SICHERHEIT UND KLEIDUNG

Ganz wichtig für euren eigenen Schutz sind die richtigen Klamotten und auch Schwimmwesten. Nicht nur beim Bootsangeln sind Schwimmwesten und -hilfen eure Lebensversicherung. Auch wenn ihr unter Brücken, an Anlegern und Schleusen oder Staumauern von oben herunter in tiefes Wasser angelt, hilft euch eine Schwimmweste, den Körper über Wasser zu halten, wenn ihr reinfallt. Gerade in zeitigem Frühjahr oder spätem Herbst liegen die Wassertemperaturen im süßen Nass nur zwischen sechs und zwölf Grad. Selbst ausgebildete Rettungsschwimmer können sich bei so niedrigen Wassertemperaturen maximal ein bis zwei Minuten bewegen, bevor der Körper unterkühlt und die ersten Muskelkrämpfe auftreten. Kurz und knapp: schützt euch und tragt eine Schwimmhilfe, auch wenn das vielleicht für euch „uncool" aussieht. Weiter ist die richtige Kleidung für einen guten Angeltag am Wasser oft entscheidend. Ob im Frühjahr, Sommer oder Herbst, immer kann plötzlich eine Wetterveränderung zum schlechteren auftreten. Das heißt, ihr geht bei schönen 20 Grad plus und blauem Himmel in Shorts und T-Shirt zum Angeln. Ein Unwetter kommt oft schneller als ihr laufen könnt. Habt deshalb immer eine lange Regenhose und ein Cape mit im Gepäck. In Angelfachgeschäften gibt es auch spezielle Angelschirme. Die sind viel größer als ein normaler Regenschirm und bieten euch und dem Angelgeschirr genügend Platz, um einen Regenguss zu überdauern. Abschließend solltet ihr immer ein Handy mit dabei haben. Nicht um mit euren Freunden zu simsen, denn dann passt ihr nicht mehr auf eure Angeln auf, sondern um bei akuter Gefahr Hilfe herbei zu rufen.

An steilen Ufern und auf dem Boot ist eine Schwimmweste zu eurer eigenen Sicherheit sehr nützlich.

Ihr wisst ja nun schon eine ganze Menge über das Angeln. Fehlen noch die Angelköder, denn auf blanken Haken ist am Gewässer nichts zu holen. Die Auswahl an Angelködern ist dabei enorm und macht es nicht gerade einfach, den „heißen Köder" herauszufischen. In diesem Kapitel stelle ich euch viele Köder genau vor und gebe euch Tipps, was ihr damit fangen könnt. Wir können vorab schon mal zwischen Kunstködern und natürlichen Ködern unterscheiden.

Mit künstlichen Ködern, wie hier einem Blinker, werden viele Raubfische beim Spinnangeln gefangen.

KÜNSTLICHE KÖDER

Für das Angeln mit der Spinn- und Fliegenrute werden fast ausschließlich künstliche Köder eingesetzt. Mit künstlichen Ködern werden Nachbildungen von Fischen, Insekten, Krebsen, Fröschen und sogar Mäusen bezeichnet. Die Nachbildungen sind aus Holz, Plastik, Eisen, Metall, Gummi oder aus Federn. Egal, was die Nachbildung für ein Tier darstellt und aus was für einem Material sie ist, eins haben alle künstlichen Köder gemeinsam. Sie müssen in Bewegung sein, um das Interesse der Fische zu gewinnen. Meistens bewegen wir die künstlichen Köder durch Einkurbeln der Schnur oder Zupfen mit der Angelrute. Einige künstliche Köder werden aber auch von der Strömung in Gewässern bewegt. Gerade beim Fliegenangeln nutzen wir die Strömung in Bächen und Flüssen oft aus, damit sich unsere künstliche Fliege wie ein leckerer Happen für eine Äsche oder Bachforelle bewegt. Mit Kunstködern werden vor allem Raubfische gefangen. Es gibt aber auch, eigens für das der Fliegenrute, z. B. künstliche Brotflocken, um auf Friedfische zu angeln. Beim Angeln mit künstlichen Ködern ist immer was los. Allein schon dadurch, dass wir den Köder lebendig machen, ist Action angesagt. Beißt dann auch noch ein fetter Hecht oder Barsch, kann der Spaß so richtig beginnen. Angelt ihr an Gewässern mit einem guten Hechtbestand, ist ein Stahl- oder Kevlarvorfach ganz wichtig, ansonsten beißt euch der Räuber schnell die Schnur durch.

Wobbler

Ein Top-Köder, der in jedem Angelkasten zu finden sein sollte. Wobbler gibt es in sehr unterschiedlichen Größen, von gerade mal einem Zentimeter bis über 20 Zentimeter Länge. So unterschiedlich wie die Größen, sind auch die Fangaussichten an euren Gewässern. Mit Wobblern könnt ihr bis auf Aale und Quappen alle Raubfische fangen. Hecht, Wels und Zander stehen eher auf größere Modelle, während Barsch, Rapfen und Forellen mittlere und kleine Wobbler zum Fressen gern haben. Bei den Friedfischen bei-ßen Döbel und Alande gern mal auf kleine Wobbler. Wobbler sind aus Holz oder Plastik. Die meisten Wobbler haben eine Tauchschaufel am Kopf. Die Stellung der Tauchschau-fel ist entscheidend, in welcher Tiefe der Wobbler läuft. Bei senkrechten Tauchschaufeln läuft der Wobbler flacher, bei waagerechten geht er auf Tiefe.

Viele Wobbler haben im Inneren zusätzlich kleine Kugeln, die bei Bewegung gegenei-nanderschlagen. Das reizt die Räuber oft zur Weißglut und macht sie extrem bissig. Je nachdem, wie klar das Gewässer ist, solltet ihr unterschiedliche Farben einsetzen. Eine Faustregel dazu lautet: Bei klarem Wasser eher schlichte grüne, blaue und silberne Farben und bei trübem Wasser knallige rote,orange und gelbe Wobbler einsetzen. Einige Wobbler schwimmen an der Oberfläche, bevor ihr sie einkurbelt, andere sinken nach dem Auswerfen ab. Mit Wobblern könnt ihr vom Ufer und Boot immer gut angeln. Vom Boot aus können Wobbler auch prima geschleppt werden. Dazu wird der Wobbler etwa drei-ßig Meter hinter dem Boot durch eure Muskelkraft an den Rudern oder durch einen Motor gezogen. Wichtig beim Schleppen ist es, nicht zu schnell zu fahren, damit der Wobbler am Ende der Schnur einen guten Lauf behält. Es gibt auch einige Wobbler, die direkt an der Wasseroberfläche laufen, sogenannte Top-Water-Köder. Hechte und Barsche aber auch Rapfen rauben gern an der Oberfläche und sind mit den Oberflä-chenködern gut zu fangen.

Spinner

Ein sehr guter Kunstköder in allen Gewässern ist der Spinner. Das „Magische" an diesem Köder ist wohl das Drehen des Spinnerblättchens. Durch die drehenden Bewegungen um die eigne Achse wird viel Wasser verdrängt. Das macht die Räuber aufmerksam und bissig. In Angelgeschäften gibt es oft viele verschiedene Spinner; achtet deshalb beim Kauf unbedingt auf das gut drehende Spinnerblatt. Am einfachsten läuft das durch Erproben am Gewässer, was in einen Angelfachgeschäft natürlich nicht einfach ist. Abhilfe leistet da eine kreisende Bewegung mit dem Zeigefinger am Spinnerblatt. Läuft dieses gleich- und regelmäßig, halten ihr einen aussichtsreichen Spinner in den Händen. Je nachdem wo sich die Räuber unter Wasser gerade tummeln, sind Spinner absolut angesagt und verführen immer Fische zum Anbiss. Spinner sind meistens aus Metall. Die Größe von Spinnern wird von eins bis sechs angegeben. 1er sind dabei klein und 6er groß. Spinner haben sehr unterschiedliche Gewichte bei gleicher Größe und laufen damit auch in unterschiedlichen Tiefen. Wählt deshalb je nach Gewässertiefe euren Köder aus. Denn einige Spinner laufen auf nureinem halben Meter Wassertiefe, andere gehen bis auf drei Meter runter. Bei klarem Wasser solltet ihr kupferne, silberne und goldene Modelle verwenden. Ist das Gewässer angetrübt, fangen auch grelle Farben sehr gut. Durch ihr Eigengewicht sinken Spinner bis zum Gewässerboden ab. Dementsprechend können wir Angler die gesamte Wassersäule abfischen und die fängigen Tiefen schnell finden. Mit dem Spinner könnt ihr vom Ufer und Boot angeln. Zum Schleppangeln vom Boot sind Spinner nicht so gut, weil die Angelschnur durch das starke Drehen des Spinnerblättchens schnell verdrallt.

Blinker

Ein alter, aber klasse Köder und immer gerade recht für einen gierigen Hecht. Blinker sind aus Metall, und es gibt sie in unterschiedlichen Gewichten, Formen, Farben und Größen. Das Gewicht sollte je nach Gewässertiefe und Jahreszeit gewählt werden. Blinker schlingern beim Einkurbeln verführerisch und, wie es uns der Name schon verrät, blinken durch die glitzernden Seiten. Das macht die Räuber unter Wasser neugierig. Bei klarerem Wasser solltet ihr schlichtere Farben wie silber, gold oder kupfer wählen. Ist das Wasser trübe, fangen auch poppige Blinker sehr gut.Blinker haben schon seit eh und je einen magischen Reiz auf viele Flossenträger. Insbesondere,wenn die Raubfische gerade so richtig in den Kleinfischschwärmen jagen, sind Blinker einfach unschlagbar. Führt eure Köder ruhig mal schneller durch Wasser. Die jagenden Fische erreichen in Fresslaune gute Geschwindigkeiten und stehen auf Tempo. Seht ihr Kleinfischschwärme an der Wasseroberfläche auseinander spritzen, lohnt sich auch der Versuch, den Blinker genau an diese Stelle zu werfen und mit leichtem Rucken durchsacken zu lassen. Gerade große Fische nehmen dann den Blinker wie einen verletzten Futterfisch in der Absackphase. Mit Blinkern könnt ihr vom Ufer und Boot aus gut angeln. Vom Boot könnt ihr Blinker auch zum Schleppangeln benutzen.

Jigs mit Gummi

Die aus Blei gefertigten Jigköpfe könnt ihr in unterschiedlichen Formen und Gewichten in jedem Angelgeschäft kaufen. Aus dem Bleikopf ragt der eingegossene Haken, auf dem ihr Twister oder Gummifische aufzieht. Als Twister werden Gummiwürmer oder Krebsnachbildungen bezeichnet. Die Hakengröße wählt ihr je nachdem, auf was für Fische ihr es abgesehen habt. Bei Hecht, Wels und Zander größer und bei Forellen und Barschen kleiner. Jigköpfe gibt es in Gewichtsklassen von ein bis weit über 100 Gramm. Für das Angeln im Süßwasser reichen Jigköpfe zwischen einem und 30 Gramm. Wollt ihr in einem tiefen See oder stark strömenden Fluss grundnah angeln, wählt ihr schwerere Jigköpfe. Geht es in ein flaches Gewässer ohne viel Strömung oder dicht an der Wasseroberfläche zum Angeln, kommen leichte Jigköpfe zum Einsatz. Ganz wichtig ist es, einen sehr beweglichen Gummifisch oder Twister auf den Haken zu ziehen. Das Köderspiel ist nämlich immer ausschlaggebend für den Fangerfolg. Gummis haben dabei einen Vorteil. Der Twisterschwanz oder der hintere Teil eines Gummifisches sind im Idealfall weich und elastisch. Gerade argwöhnische Räuber, die einem schneller gezogenen Blinker, Spinner oder Wobblerwiderstehen, fallen auf das

gemächliche und verführerische Köderspiel eines Gummis herein. Achtet beim Kaufen daher immer auf das weiche Hinterteil eures Gummiköders, denn im Fachhandel gibt es auch stocksteife Gummis, an denen sich Hecht und Co. eher die Zähne ausbeißen. Mit den Farben von Gummiködern solltet ihr experimentieren. Von weiß bis schwarz ist da wirklich alles drin. Mit Twistern oder Gummifischen ist am Wasser immer was zu fangen. Vor allem Zander, Barsch und Hecht stehen voll auf Gummi, aber auch Forellen, Döbel und Alande nehmen gern mal einen kleinen Twister am Jig. Selbst große Brassen und sogar Karpfen werden beim Jiggen gefangen. Mit Jigs und Gummi könnt ihr vom Ufer und Boot aus angeln. Bei langsamer Fahrt sind Gummifische auch gut zum Schleppangeln.

Dropshot und Co.

Die „neuen Superköder aus Amiland" dürfen beim Kunstköderangeln natürlich auch nicht fehlen. Texas- und Carolina Rigs sowie Drop-Shots sind mittlerweile in jeder Angelbox ein absolutes Muss. Die Möglichkeiten, den Twister oder Gummifisch mit diesen Systemen „tanzen" zu lassen, sind einfach unerschöpflich. Besonders vom Boot oder bei Steganlagen mit tieferem Wasser ist das Trio oft unschlagbar. Mit leichten, feinen Angelruten könnt ihr wirklich auf dem Punkt euren Ködern fast im Stillstand durch ganz leichtes Heben, Senken oder Einkurbeln „Leben" einhauchen. Da sehen vor allem Barsch und Zander oft rot und beißen gierig zu. Mit dem magischen Trio aus den USA lässt es sich auch sehr gut mit langsameren Tempo vom Boot aus schleppen.

Zocker

In den Herbstmonaten ziehen die großen Barsche den Futterfischen in tieferes Wasser hinterher. Damit ist die Zeit der Zocker eingeläutet. Vom Boot aus lassen sich die Futterfische auf einem Echolot als dicke Trauben auf dem Bildschirm ausmachen. Den kleinen Fischen folgen große Räuber. Genau dort sollten auch eure Zocker in Größen zwischen drei und sieben Zentimetern Länge mit einem Gewicht von 5 bis 20 Gramm angeboten werden. Zocker sind aus Blei oder Metall. Nach dem Ablassen bis zum Grund werden Zocker durch schnelles Heben und Senken der Angelrute „lebendig". Als aussichtsreiche Farben beim Zocken haben sich rot-schwarz, silbern und golden erwiesen. Um zusätzlichen Reiz zu schaffen, können auch Wurmstücke oder kleine Fischfetzen an einem der Haken des Drillings präsentiert werden. Mit Zockern lässt es sich auch sehr gut im Winter beim Eisangeln fischen. Dann sollten die Hebe- und Senkbewegungen mit der Angelrute aber eher langsam ausfallen. Neben Barschen werden Hechte, Zander und Forellen auf Zocker gefangen.

Streamer und Fliegen

Gerade wenn ihr mit der Fliegenangel am Wasser unterwegs seid, darf die Köderbox mit Fliegen und Streamern natürlich nicht fehlen. Es gibt in Angelgeschäften mit Bedarf für Fliegenfischer sehr viele unterschiedliche Modelle und Größen. Von winzig kleinen Nachbildungen an Mücken, Ameisen und anderem Getier auf 16er Haken bis hin zu Mäusen aus Kunstfell auf 1/0er Haken ist das Angebot an Ködern sehr breit. Überlegt also genau, bevor ihr angeln geht, welche Fische in euren Gewässern schwimmen. Denn ein fetter Hecht wird sich für eine winzige Nachbildung einer Mückenlarve wohl kaum interessieren, genauso wenig wie eine hübsche Äsche eine Kunstmaus frisst. Für das Fliegenfischen in Gebirgsbächen und Seen sind kleine Fliegen oder Nymphen angesagt. Geht es auf Hecht an größeren Seen in Flachwassergebieten oder vorm Schilf, kommen große buschige Streamer gut an. Lasst euch beim Kauf von Fliegen oder Streamern am besten beraten. Neben der Fliegenangel können Streamer und Fliegen auch sehr gut hinter einen Sbirolino (Kapitel Forellenseen) oder einer Wasserkugel an einem langen Vorfach geschleppt werden.

NATÜRLICHE KÖDER

Für das Angeln mit der Posen- und Grundrute werden meistens natürliche Angelköder verwendet. Mit den natürlichen Düften sind alle Fische, die im Süßwasser wohnen, zu fangen. Egal, ob Raub oder Friedfisch, für einen leckeren Happen haben alle etwas über. Nur das Angebot fällt dabei etwas unterschiedlich aus. Die großen Räuber nehmen gern einen kleinen toten Köderfisch zum Frühstück oder Abendbrot. Brassen und Co. stehen mehr auf Maden, Brot und Würmer. Die großen Karpfen haben sich in den meisten Gewässern mittlerweile auf Boilies eingefuttert. So findet jeder Flossenträger im Süßwasser sein ganz spezielles natürliches Nahrungsangebot

Maden

Ein super Köder, mit denen ihr sehr viele verschiedene Fischarten an den Haken bekommt. Dabei gibt es in Angelgeschäften meistens drei unterschiedliche Madensorten: Bienen-, Tebo- und normale Maden. Die normalen Maden sind etwa so groß wie eine Rosine. Angelt ihr mit sehr kleinen 16er Haken, reicht eine Made aus, um vor allem kleinere Friedfische mit leichten Posen zu fangen. Geht es auf größere Brassen oder andere Friedfische, sind 14er bis 12er Haken mit um die drei Maden genau der richtige Happen. 10er bis 6er Haken mit einen Madenbündel werden von kleineren Karpfen und Schleien aber auch Barschen, Forellen und Aalen gern mal vernascht. Die normalen Maden solltet ihr zum Entsetzen eurer Mutter im Kühlschrank aufbewahren, achtet dabei bloß gut darauf, dass die Madendose richtig geschlossen ist. Normale Maden verpuppen sich sonst schnell und halten nicht mehr so gut an unseren Haken. Auch wenn ihr in der warmen Jahreszeit am Wasser seid, stellt die kleinen Krabbler in den Schatten, damit sie länger knackig bleiben. Bienenmaden sind größer, etwa so wie ein Gummibärchen, und werden oft für das Angeln an Forellenseen verwendet. Es gibt aber auch eine ganze Reihe an heimischen Fischarten, die auf Bienenmaden stehen. Große Brassen, Barsche und Aale sind mit ein bis zwei Bienenmaden an 10er bis 6er Haken immer drin. Bienenmaden sind etwas weicher als die normalen Maden und mögen keinen kalten Kühlschrank, aber auch keine pralle Sonne. Tebo-Maden treffen von der Größe genau die Mitte und sind für Friedfische, Forellen, Aal und Barsch sehr gute Köder. Ein bis drei Tebos an 12er bis 6er Haken machen die Fische dabei so richtig scharf. Tebo-Maden solltet ihr wie Bienenmaden einfach in der verschlossenen Dose im Angelschuppen verwahren. Beim Anködern von Maden trennen sich die Meinungen vieler erfahrener Angler. Von vorsichtig nur durch den Kopf ködern bis nur am Ende der Made ist wirklich alles dabei. Entscheidet also lieber selber. Ein Vorteil beim Ködern am Kopf oder Ende der Maden ist, dass sie sich besser im Wasser bewegen und somit mehr Aufmerksamkeit bei den Flossenträgern erregen. Ein Nachteil dabei ist, dass die Fische die Maden dann besser vom Haken stibitzen können.

Würmer

Seit eh und je ein klasse Köder. Menschen haben Würmer schon vor tausenden von Jahren genutzt, um sie auf die ersten Angelhaken zu schieben. Mit Würmern geht am Süßwasser wirklich alles an den Haken. Dabei ist die Menge und Größe der Würmer zu beachten. Ein Wels steht auf ein ganzes Bündel aus Tauwürmern an einem großen 1/0er Haken oder Drilling, während eine Rotfeder eher einen Rotwurm an einem kleinen 12er Haken zum Fressen gern hat. Wie ihr hoffentlich gerade bemerkt habt unterscheide ich auch bei Würmern die Sorten. Das ist oft ganz wichtig, denn „Wurm ist nicht gleich Regenwurm und lebt in der Erde". Damit machen es sich viele Angler zu einfach. Tauwürmer sind am längsten und schön dick. Genau das Richtige für gefräßige Fische. Besonders Aal, Barsch, Schlei, kleine Karpfen und Welse haben eine Vorliebe für einen oder mehrere Tauwürmer an größeren Haken. Für Brassen und Co. solltet ihr mit

Tauwurmstücken an kleineren Haken fischen. Tauwürmer könnt ihr in Angelgeschäften kaufen oder in der warmen Jahreszeit im Dunkeln auf feuchtem Rasen mit der Taschenlampe selber suchen. Die Würmer kommen dann nämlich freiwillig an die Oberfläche, um an den nassen Grashalmen Tau aufzunehmen, daher auch der Name Tauwurm. Beim Suchen ist Schnelligkeit angesagt. Die Tauwürmer können nämlich wie der Blitz in ihrem Erdloch verschwinden. Blaukopfwürmer haben logischerweise einen dunklen bläulichen Kopf. Ihre Vorteile sind, dass sie fast so lang wie ein Tauwurm und sehr fest sind. Gerade in Gewässern mit viel Strömung ein klasse Köder für alle Fische. Mistwürmer sind wie ihr Name verrät auf dem Mist oder Komposthaufen zu finden. Diese kleinen Würmer haben einen süßlichen Eigengeruch und werden von vielen Fischarten als Mahlzeit sehr geschätzt. Für Aal, Forelle, Schlei, Karausche und kleinere Karpfen solltet ihr Mistwürmer im Bündel an einem 6er bis 8er Haken anbieten. Große Brassen stehen auch voll auf Mistwurm, sollten aber besser mit ein bis zwei Würmern an 10er bis 12er Haken beangelt werden. Mistwürmer könnt ihr auch in Angelgeschäften kaufen, dort werden sie unter dem Namen Dendro-Würmer verkauft und sind meist doppelt so groß. Laub- oder Rotwürmer sind sehr weich, aber haben es eindeutig in sich. Alle Friedfischarten und auch Aal und Barsch fahren auf die Würmer ab. Weil Rotwürmer nicht die Größten sind, macht ruhig zwei oder drei an 6-12er Haken. Neben den beschriebenen Wurmarten sind beim Graben in der Erde noch einige andere zu finden. Ein häufig vorkommender Wurm ist der gemeine Regenwurm. Diese Würmer haben einen hellen, fast weißen Kopf, sind nicht besonders lang und meist eingekringelt. Ich habe in meinen langen Angeljahren schon häufig versucht, mit den Würmern mal etwas zu fangen, was allerdings nie der Fall war. Daher halte ich von diesen Würmern als Angelköder nicht besonders viel und lasse sie lieber mein Gemüsebett umgraben. In den norddeutschen Bundesländern sind in vielen Angelgeschäften auch Wattwürmer, eigentlich für das Angeln im Salzwasser gedacht, zu verkaufen. Dass es sich mit Wattwürmern auch sehr gut im Süßwasser auf Aal und große Brassen angeln lässt, wissen meist nur die Insider.

Mais

Die goldgelben Körner könnt ihr in jeden Supermarkt kaufen. Süßmais ist ein ausgesprochen guter Angelköder. Vor allem sind Friedfische den Körnern sehr angetan. Auch die größeren Karpfen hegen einen regen Appetit, wenn ihr eine „Maiskette" am Haken anbietet. Dazu werden vier bis acht Maiskörner auf einen Faden gezogen und am Hakenöhr verknotet. Nun aber wieder zu Brassen und Co. Die sind nämlich richtig scharf auf Mais. Wenn es auf Friedfische gehen soll, darf Mais in der Köderbox auf jeden Fall nicht fehlen. Je nachdem wie groß die Fische sind, ködert ihr ein bis drei Maiskörner auf

12er bis 6er Haken. Achtet beim Anködern darauf, das Maiskorn zuerst an der weichen Unterseite auf den Haken zu schieben. Damit hält es besser am Haken und kann von vorsichtigen Fischen nicht einfach stibitzt werden. Mais ist ein guter Köder für das Posen- und Grundangeln. Wenn ihr nicht ganz so weit vom Ufer weg angelt, ist eine Hand voll loser Maiskörner in Ködernähe eine gute Möglichkeit, Fische anzufüttern. Neben Mais gibt es noch

andere Körner, mit denen ihr gut angeln könnt. Rotaugen beißen beispielsweise gern auf eingeweichte Hanfkörner. Auch viele Hülsenfrüchte sind gute Köder. Mit Kirchererbsen könnt ihr zum Beispiel sehr gut dicke Brassen und auch Karpfen fangen.

Käse

Eine Brotzeit beim Angeln am Wasser mit einer leckeren Käsestulle gibt uns ordentlich Power. Dass auch einige Fische gern mal ein Stück Käse naschen, ist nicht ungewöhnlich. Vor allem Barben und Döbel stehen auf ein Stück Hartkäse. Gouda und Emmentaler sind besonders beliebt. Bietet ein Stück Käse, etwas kleiner als ein Stück Würfelzucker, an 6er bis 10er Haken grundnah an. Beim Ködern ist es sehr wichtig, die Hakenspitze durch den Käsewürfel zu stechen, um den Fisch besser zu haken. Käse könnt ihr auch beim Posen- und Grundangel benutzen.

Brot

Ein guter Köder für das Angeln auf Friedfische. Brotflocken weichen im Wasser schnell auf, halten dann aber nicht mehr besonders gut am Haken. Deshalb sind möglichst leichte schlanke Posen angesagt, die euch jeden kleinsten Zupfer von einem Rotauge oder Brassen anzeigen. Ihr könnt eine Brotflocke mit einem kleinen Trick knapp über dem Grund für die Fische schweben lassen. Dazu schiebt ihr das letzte Bleischrot in einen Abstand etwa so lang wie euer Daumen ist vor den 10-14er Haken. Die Pose könnt ihr dann so ausloten, dass das Bleischrot eben auf dem Grund liegt. Brot schwimmt auf dem Wasser. Das heißt, eure Brotflocke treibt den Abstand zwischen Haken und letzten Bleischrot auf. In unseren Fall eure Daumenlänge. Vor allem große Brassen,

Karauschen und auch Karpfen stehen auf einer schwebenden Brotflocke knapp über Grund. Die Methode eignet sich gut für stehende oder sehr langsam fließende Gewässer. Ihr könnt natürlich eine Brotflocke am Haken auch einfach über den Grund an einer Posenmontage treiben lassen. Das bringt Rotaugen, Rotfedern und Alande zum Anbiss. Toastbrot, Weißbrot und Brötchen sind als Köder am besten. Versucht möglichst ein Stück von der Kruste mit auf den Haken zu ziehen. Das gibt mehr Halt. Wenn ihr Brötchen oder Weißbrot in eine Plastiktüte eindreht, so dass die gesamte Luft draußen ist, wird es nach einem Tag pappig und hält etwas besser am Haken. In den Sommermonaten könnt ihr vor Seerosenfeldern oder Schilfkanten oft Karpfen und große Rotfedern an der Wasseroberfläche beobachten. Die Fische beißen gern auf Schwimmbrot. Dazu könnt ihr entweder eine Brotflocke auf einen Haken ziehen und ohne Pose und Blei die Fische anwerfen oder eine kleine Wasserkugel mindestens einen Meter vor dem Köder schalten. Mit der Wasserkugel könnt ihr weiter werfen. Eine gute Wahl, gerade wenn die Fische in einiger Entfernung an der Oberfläche ihre Kreise ziehen.

Teig

Wie beim Kuchenbacken könnt ihr aus den unterschiedlichsten Zutaten einen Teig zum Angeln kneten. Je nachdem auf was für Fischarten ihr angeln wollt, werden die Zutaten gewählt. So könnt ihr beispielsweise mit einem Teig aus Paniermehl, Mistwürmern und Maden neben vielen Friedfischarten auch Aale, Barsche und Forellen fangen. Dazu solltet ihr die Maden und Würmer zerkleinern. Das geht mit einer alten elektrischen Kaffeemühle hervorragend. Nehmt aber bloß nicht eine, mit der eure Eltern ihre Kaffeebohnen mahlen. Das gibt sonst Ärger! Die Zutaten werden nach dem Mischen mit Wasser oder auch flüssigen Lockstoffen zu einem geschmeidigen Teigklumpen geknetet. Haltet den Klumpen bei warmem Wetter unter einem feuchten Tuch vorm Austrocknen sicher. Zum Anködern nehmt ihr etwas Teig ab und formt eine etwa erbsengroße Kugel. In der Kugel versteckt ihr euren 8-14er Haken. Habt ihr es an euren Gewässern auf Brassen abgesehen, gebt Vanillezucker mit in die Zutaten. Beim gezielten Angeln auf Barben und Döbel könnt ihr Schmelzkäse in den Teig mischen. Ihr merkt schon, mit Teig und den Zutaten könnt ihr viel experimentieren. Habt ihr die richtige Mischung gefunden, beißen oft viele Fische an. Mit Teig lässt es sich gut mit der Posen- oder Grundangel fischen.

Kartoffeln

Die „Erdäpfel" sind nicht nur bei uns auf dem Teller willkommen. Besonders bei großen Karpfen stehen Kartoffeln mit ganz oben auf der Speisekarte. Ihr könnt Kartoffeln im Supermarkt schon vorgekocht in Gläsern kaufen oder selber ein paar schälen und kochen.

Am besten zum Angeln auf Karpfen sind etwa Tischtennisball große Kartoffeln. Wichtig beim selber Machen ist, die Kartoffeln nicht zu lange zu kochen. Dann werden sie schnell zu weich und halten nicht mehr so gut am Haken. Stellt ihr euch selber an den Herd, könnt ihr Vanillezucker oder andere Lockstoffe mit ins kochende Wasser geben. Mit den fertigen Ködern am Wasser sucht euch einen Angelplatz, wo ihr Karpfen vermutet. Bevor ihr euer Angelgerät auspackt, füttert sie mit ein paar Kartoffeln an. Das bringt die dicken Karpfen oft auf die richtige Bahn. Um die Kartoffeln gut anzuködern, solltet ihr eine Ködernadel benutzen. Ihr könnt auch eure Mutter nach einer Nähnadel mit einem dicken Öhr fragen. Durch das Öhr zieht ihr die Schnur eures Vorfachs und stecht dann möglichst in der Mitte der Kartoffel mit der Nadel durch. Das Vorfach wird durch die Kartoffel bis zum Haken gezogen. Den 2er bis 5er Haken zieht ihr am Vorfach vorsichtig in die Kartoffel rein. Am Hakenschenkel könnt ihr zusätzlich ein kleines Stück Schilf oder dickes Gras zwischen Kartoffel und Haken schieben. Das gibt beim Auswerfen mehr Halt. Ganze Kartoffeln fischt ihr am Besten mit der Grundmontage zum Karpfenangeln. Wenn ihr mit Kartoffeln an der Posenmontage angeln möchtet, nehmt kleinere Kartoffelstücke. Damit fangt ihr neben Karpfen auch große Brassen.

Frolic

Was dem Hund schmeckt ist auch für Karpfen gut. Frolicringe könnt ihr in Zoogeschäften oder Supermärkten kaufen. Es gibt dabei unterschiedliche Geschmacksrichtungen. Am Besten läuft es mit Frolicringen aus Rindfleisch und Gemüse. Je nachdem wie groß die Karpfen in euren Gewässern sind, werden ein bis drei Frolicringe am Haar als Köder benutzt. Am Haar ködern heißt: Ihr knotet die Frolicstücke übereinander dicht zusammen und befestigt sie dann an dem Hakenöhr. Zum Knoten gibt es in Angelfachgeschäften eine ganze Menge Material, ihr könnt aber auch einfach eure Eltern nach Zwirn fragen. Ein kurzer Plastikschlauch auf eurem Vorfach wird dann über das Hakenöhr geschoben. Das verhindert ein Verdrehen des Köders. Vor Angelbeginn füttert ihr mit einer Handvoll Frolic die Karpfen an. Mit ganzen Frolicringen ist die Grundmontage zum Karpfenangeln (Seite 104) gut. Frolic lässt sich mit einer Kaffeemühle sehr gut zu Pulver verarbeiten und ist eine klasse Zutat, wenn ihr mit Teig auf Brassen und Karpfen angeln wollt.

Boilies

Seit Jahren der Top Köder bei allen Karpfenspezialisten. Boilies könnt ihr in Angelgeschäften kaufen. Es gibt sehr viele unterschiedliche Geschmacksrichtungen. Von Fisch
über Muschel bis zu Kokos und Erdbeere ist da wirklich alles drin. Verwendet beim
Angeln möglichst nur zwei Geschmacksrichtungen, denn bei zu vielen Düften nehmen
die Karpfen eher Reißaus. Fragt einfach einmal andere Angler oder im örtlichen Angel-
fachgeschäft nach, welche Boilies an eurem Gewässer gut sind. Wie beim Angeln mit
Kartoffeln oder Frolic such ihr euch dann einen Angelplatz, an dem ihr Karpfen vermutet.
Wenn es nicht zu weit zu euren Gewässern ist, füttert am Besten ein bis zwei Tage
vorher mit ein paar Boilies an. Zum Anködern braucht ihr eine
Boilienadel oder von eurer Mutter eine dickere
Nähnadel. Das Ködern läuft genauso wie beim
Angeln mit Frolic, nur das ihr vorsichtig in der
Mitte der runden Boilies durchstecht und am
Ende von dem Haar einen kleinen „Stopper" für
besseren Halt einbaut. Ihr könnt mit ein oder zwei
Boilies am Haken fischen. Bei weichem Gewäs-
sergrund gibt es im Angelgeschäft sogenannte
Popup-Boilies. Die sinken nicht zum Boden sondern
schwimmen. Nehmt ihr einen sinkenden Boilie und
darüber einen Popup Boilie, schwebt eure Montage
knapp über dem Grund und sinkt nicht in den weichen
Boden ein. Wenn ihr mit Boilies am Gewässer unterwegs seid, lest euch in dem Kapitel Angelausrüstung
den Abschnitt „Grundangeln auf Karpfen" gut durch.
Außer mit Boilies könnt ihr große Karpfen auch sehr gut
mit Tigernüssen fangen. Die Bedingungen bleiben dabei
die gleichen, außer das ihr von den kleineren Tigernüssen ruhig drei bis fünf am Haar anbietet.

Köderfische

Tote Köderfische werden von den Räubern gern gefressen. Von Aal bis Zander kann
euch da alles an den Haken gehen, je nachdem wo ihr euren Köder anbietet. Aale werdet ihr meistens am Grund oder grundnah fangen, während Zander oder Hechte auch
deutlich über dem Grund im Mittel- und sogar Oberflächenwasser einen toten Köderfisch
attackieren. Ganz wichtig ist es, dass euer Köderfisch wirklich tot ist. Das ist im

deutschen Fischerei-
gesetz vorgeschrieben.
Angelt ihr mit leben-
digen Köderfischen,
bekommt ihr oder eure
Eltern mächtigen Ärger
und müsst meistens eine
Geldstrafe bezahlen. Im
Ausland erkundigt ihr
euch nach den jeweilig
gesetzlichen Bestimmun-
gen. In einigen Ländern ist
das Angeln mit lebenden
Köderfischen erlaubt. In der
Regel sind kleine Friedfi-
Rotaugen so groß wie eine

sche und Barsche sehr gute Köder.

Playmobil-Figur sind für Zander, Barsch und Aal genau das Richtige. Hecht und Wels
stehen eher auf größere Köderfische. Da könnt ihr schon einmal eine Rotfeder oder
Brassen in der Länge von drei Playmobil-Figuren hintereinander anbieten. Wichtig in
Gewässern mit vielen Hechten ist ein Stahl- oder Kevlarvorfach, ansonsten beißt euch
der gefräßige Räuber schnell die Angelschnur durch.

Mit toten Köderfischen könnt ihr an der Posen- und Grundmontage fischen. Es wird entweder ein 2er bis 6er Drilling zum Anködern genutzt oder ein großer 1er bis 4er Einzelhaken, je nachdem, welche Ködergröße ihr gewählt habt. Für das Angeln auf Hecht und
Wels könnt ihr den Drilling an der Lunke hinter der Rückenflosse gut anködern. Angelt
ihr mit kleinen Köderfischen auf Aal und Zander, ködert ihr den Einzelhaken von unten
durch das Maul in den Kopf. Wenn ein Räuber auf einen Köderfisch gebissen hat, wartet
ein kurze Weile bis ihr einen Anschlag setzt. Im späten Herbst und Winter sind Köderfische aus dem Meer (Heringe, Sardinen und Makrelen) sehr erfolgreich beim Angeln auf
Hecht und Zander. Ihr könnt anstatt ganzen Köderfischen auch mit Fischfetzen gut auf
Raubfische angeln. Gerade Aale, Zander und Quappen sind Feinschmecker und haben
einen Fischfetzen ohne Gräten zum Fressen gern. Die Köderfischarten bleiben dabei
die gleichen, es wird jedoch mit etwas kleineren 4er bis 8er Haken am besten mit der
Grundangel gefischt. Fetzen könnt ihr euch leicht mit einem scharfen Messer aus den
toten Köderfischen herausschneiden.

Frühstücksfleisch

Was bei vielen Menschen auf dem Brötchen gern gegessen wird, findet auch unter Wasser bei einigen Fischarten Gefallen. Ich verwende Frühstücksfleisch vor allem zum Angeln auf Aal. In meinen Hausgewässern stehen Aale gerade im Frühjahr und Herbst auf ein würfelgroßes Stück Frühstücksfleisch, an einen 4er bis 6er Haken serviert. Am liebsten nehme ich dafür die mittlere Posenangel und fische ab der Dämmerung mit Knicklichtposen. Es ist immer wieder ein einzigartiges Erlebnis, wenn die Knicklichtpose bei Dunkelheit im Wasser abtaucht. Selbst ältere Hasen sind dann immer noch unglaublich aufge-

regt. Frühstücksfleisch könnt ihr im Supermarkt in Dosen kaufen. Wenn ihr es nach einer Angeltour in den Kühlschrank stellt, hält sich Frühstücksfleisch einige Tage frisch. Neben Aalen könnt ihr in Fließgewässern Barben, Döbel und im Winter auch Quappen fangen. Bei stärkerer Strömung solltet ihr die Grundangel einsetzen.

Schalentiere

Muscheln, Schnecken, Krebse und Garnelen sind natürliche Beute vieler Süßwasser-fische. Warum sollten wir uns das nicht zu nutze machen und die Köder an unsere Angelhaken hängen? Die harte Schale solltet ihr dabei allerdings entfernen. Das weiche Fleisch könnt ihr an einem 4er bis 6er Haken dicht am Gewässerboden mit der Posen- oder Grundangel anbieten. Leider ist das Fleisch sehr weich und hält nicht besonders gut am Haken. Entweder ihr umwickelt den Köder mit feinem Nähgarn von eurer Mutter oder kocht das Fleisch für eine Minute, dann ist es wesentlich fester und bietet mehrt Halt am Haken. Mit Schalentieren könnt ihr viele unterschiedliche Fischarten im Süß-wasser fangen. Garnelen werden gern von Barsch, Zander, Aal und Forellen gefres-sen. Karpfen, Schleien und auch Aale hegen einen guten Appetit, wenn Muschel- oder Schneckenfleisch am Haken hängt. Nacktschnecken sind allerdings absolut ungeeignet zum Angeln. Lasst also bloß die Finger von den schleimigen Gemüsefressern. Sucht eher nach größeren Wasserschnecken für einen guten Fangerfolg. In einigen Gewässern sind große Teichmuscheln und Flusskrebse geschützt und damit absolutes Tabu zum Angeln. Informiert euch darüber im Vorfeld. Bei Garnelen könnt ihr auch Köder aus dem Salzwasser fischen. Nord- oder Tiefseegarnelen sind in Supermärkten oder auf dem Wo-chenmarkt oft frisch zu kaufen und ein klasse Angelköder. Zieht bei allen Schalentieren immer das dicke Ende zuerst auf den Haken und lasst ein Stück von der Hakenspitze am dünneren Ende herausragen.

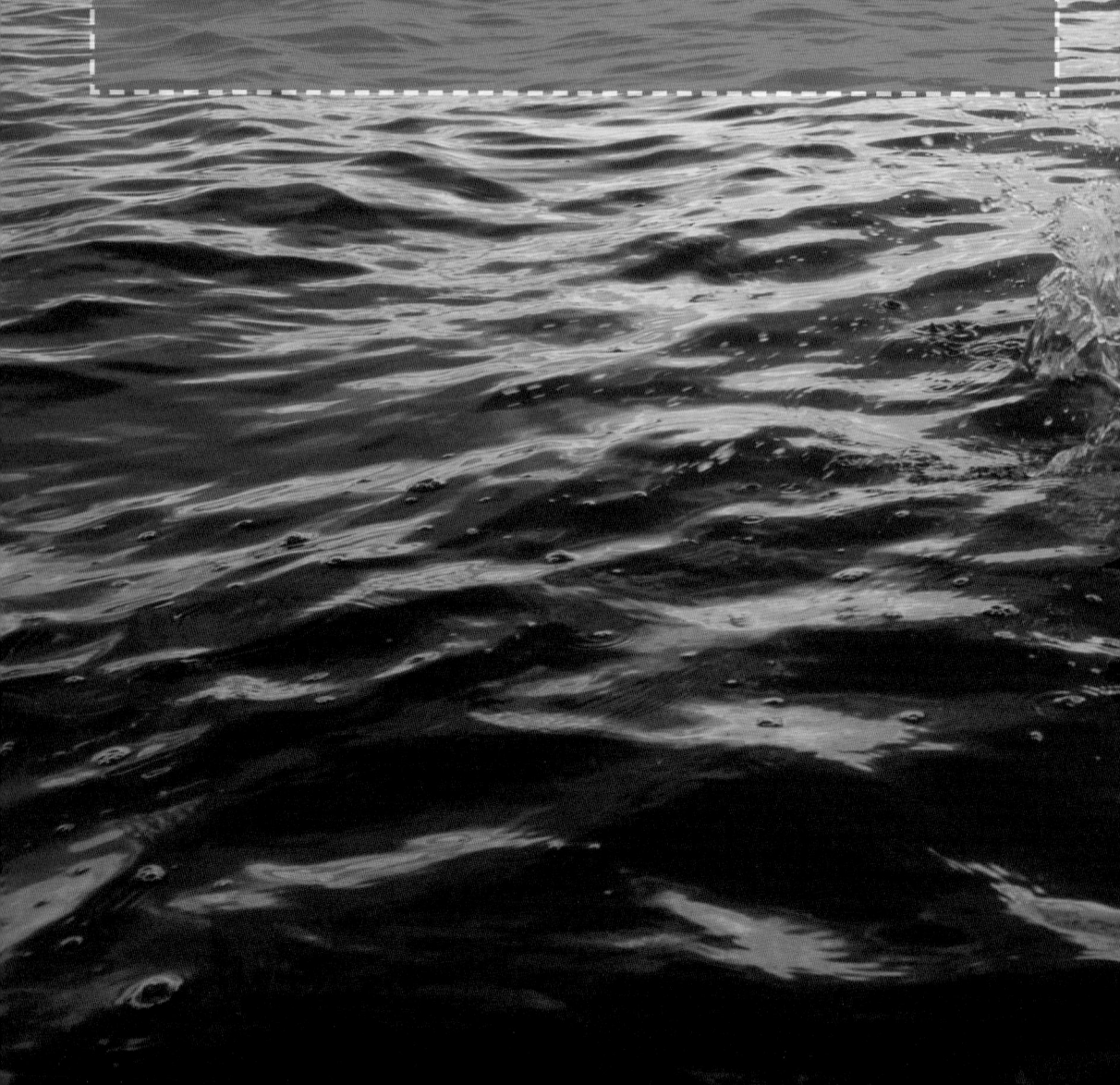

Neben eurem Angelgerät, den Ködern und natürlich den Fischen ist auch eure Geschicklichkeit gefragt. Denn ihr könnt noch so eine tolle Ausrüstung haben, die euch jedoch nicht nützt, wenn ihr nicht auswerfen könnt. Auch der Anschlag bei einem Biss, der Kampf mit dem Fisch an der Angel und die sichere Landung wollen gelernt sein. In diesem Kapitel werden die wichtigsten Grundlagen beschrieben, damit ihr euer Angelgerät auch gut nutzen könnt. Ein paar einfache Knoten zum selber ausprobieren gibt es am Ende auch noch.

Hechte beeindrucken nach dem Anbiss oft mit spektakulären Sprüngen.

AUSWERFEN

Wir Angler kommen nicht als geborene Wurfkanonen auf die Welt. Auswerfen will einfach geübt sein. Ich erlebe immer wieder viele erwachsene Angler am Wasser, die, was ihre Wurfkünste angeht, absolute Katastrophen sind. Am schlimmsten ist das im Frühjahr beim Heringsangeln an der Ostsee. Die Angler stehen dann oft dicht gedrängt nebeneinander. Da ist gezieltes gerades Auswerfen ein absolutes Muss. Wirft nun so ein „begabter Angler" seine Heringsmontage deutlich nach links oder rechts, gibt es unglaublichen „Tüddel" mit den Nachbarn. Und das bei fünf Haken pro Angel. Denn Rest will ich euch lieber ersparen. Ihr merkt ja schon, auswerfen will gelernt sein und einige gestandene Angler haben das wohl verpasst. Damit das Auswerfen bei euch gut geht, rate ich euch, auf der Wiese oder im Garten eure Wurfkünste zu erproben. Dabei könnt ihr oft mehr lernen als direkt am Gewässer. Der Grund dafür ist denkbar einfach. Am Wasser seid ihr wesentlich abgelenkter. Die Wurfübungen im Garten oder auf der Wiese solltet ihr unbedingt ohne Haken machen. Am besten nehmt ihr euch eine kleine oder mittlere rote Wasserkugel und füllt diese. Das reicht vollkommen und ihr könnt mit der roten Wasserkugel Zielwerfen üben. Wenn ihr das jeden Tag für 15 Minuten einen Monat lang übt, könnt ihr bestimmt besser werfen als viele Erwachsene. Beim Auswerfen unterscheiden wir zwischen Unterhand- und Überkopfwurf.

Unterhandwurf
Abbildung 1

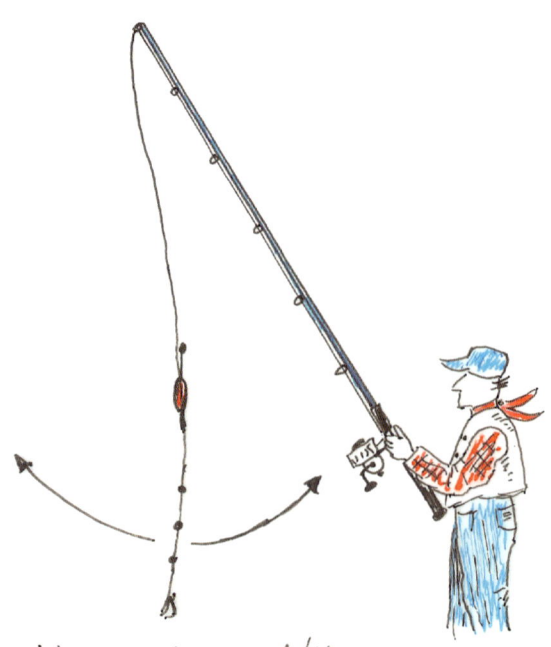

hin und her pendeln –
einfach den Wurfarm nach
vorne und nach hinten bewegen

UNTERHANDWURF

Diese Wurftechnik besagt, dass die Montage unter der Hand ausgeworfen wird. Dazu wird das Gewicht der Montage durch Pendeln aufgeladen. Das könnt ihr durch leichte waagerechte Vor- und Rückwärtsbewegungen mit eurem Wurfarm erreichen. Wartet dabei immer, bis sich das schwerste Gewicht eurer Montage nach vorne und hinten auspendelt. Um Schnur freizugeben, müsst ihr natürlich den Rollenbügel öffnen. Damit die Schnur nicht gleich von der Rolle saust, haltet ihr sie mit dem Zeigefinger eurer Wurfhand fest. Das geht am Besten, wenn ihr den Zeigefinger wie einen Angelhaken etwas krümmt. Habt ihr die Montage mit drei bis vier Pendelbewegungen aufgeladen, bewegt ihr euren Zeigefinger gerade in Richtung Angelspitze. Damit gebt ihr die Schnur auf der Rolle frei und eure Montage geht auf die Reise. Beim Unterhandwurf wird die Schnur am höchsten Punkt des Gewichtes in der Vorwärtsbewegung freigegeben. Dabei solltet ihr beachten, dass ihr nicht zu hoch pendelt. Denn dann fliegt eure Montage senkrecht nach oben, erreicht aber keine Weite. Am Besten stellt ihr euch eine Uhr mit Zeigern vor. Die größte Weite erreicht ihr, wenn die Schnur bei neun Uhr in der Vorwärtsbewegung freigegeben wird. Mit dem Unterhandwurf lassen sich gezielt gute Plätze anwerfen, die bis zu 20 Metern entfernt liegen.

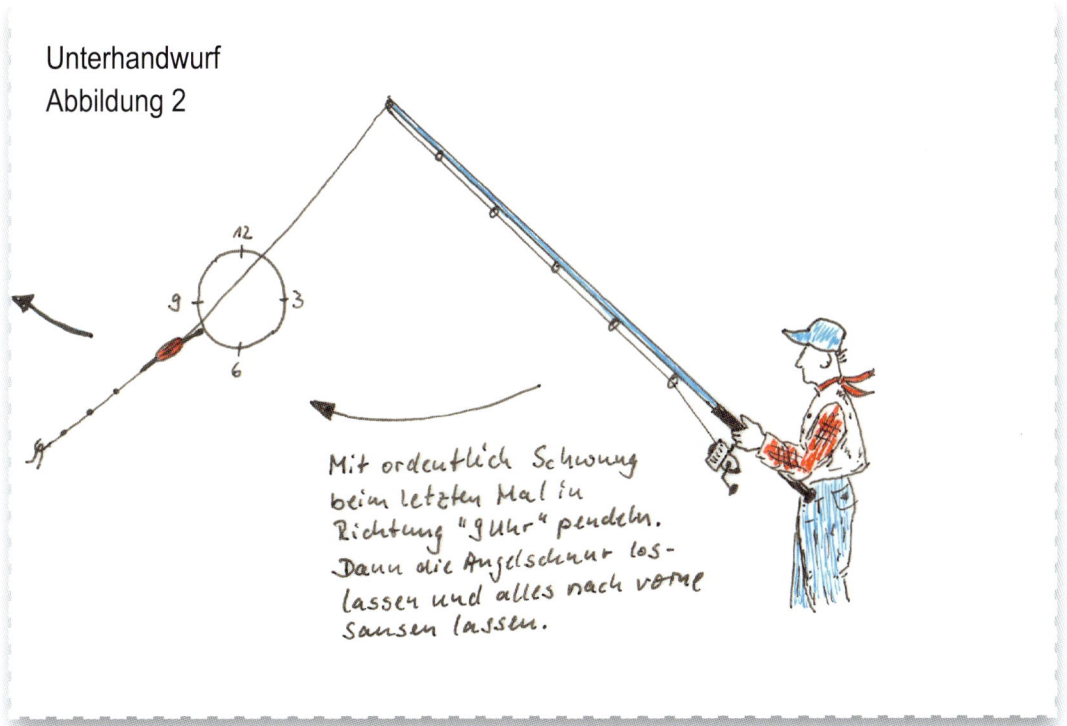

Unterhandwurf
Abbildung 2

Mit ordentlich Schwung beim letzten Mal in Richtung "9 Uhr" pendeln. Dann die Angelschnur loslassen und alles nach vorne sausen lassen.

ÜBERKOPFWURF

Wollt ihr weit hinaus werfen, kommt ihr um den Überkopfwurf nicht herum. Die Technik mit dem Zeigefinger bleibt wie bei dem Unterhandwurf die gleiche. Die Stellung der Angelrute ist beim Überkopfwurf aber grundlegend anders. Denn wie ihr aus den Namen schon schließen könnt, wird die Montage über dem Kopf ausgeworfen. Dazu sind vor allem zwei Haltungen der Angel sehr wichtig. Erst einmal die Ausgangsposition. Die Rute wird dabei mit der angewinkelten Wurfhand waagerecht neben dem Kopf nach hinten gerichtet. Das ergibt bei einer Uhr mit Zeigern die Drei-Uhr-Stellung. Der andere Arm ist auch angewinkelt. Der Unterarm liegt dabei direkt vor der Brust. Die Hand umfasst die Angelrute unterhalb des Rollenhalters. Um einen richtig guten, weiten Wurf hinzulegen, sollte die Länge der Schnur von der Angelspitze bis zu dem Wurfgewicht etwa die Hälfte der Angelrute entsprechen.

Ganz wichtig beim Überkopfwurf in der Ausgangsposition ist ein Blick über die Schulter. Denn wenn direkt hinter euch jemand steht, könnt ihr ihn mit dem Köder beim Ausholen verletzen. Gut, die Ausgangsposition haben wir geschafft. Der Rest ist reine Übungssache und kurz erklärt. Ihr nutzt die Länge der Angelrute und zieht von der Drei-Uhr-Stellung bis zur Zehn-Uhr-Stellung die Angelrute durch. Bei zehn Uhr ist euer Wurfarm voll gestreckt und der Zeigefinger gibt die Schnur von der geöffneten Rolle frei. Lasst ihr die Schnur schon früher frei laufen, fliegt euer Köder in die Höhe, macht aber keine Weite. Lasst ihr die Schnur zu spät frei laufen, schlägt die Montage meistens mit einem lauten Platschen direkt vor euch ins Wasser. Wenn ihr genau aufgepasst habt, sollte euch aufgefallen sein, dass die Uhr beim Auswerfen rückwärts läuft. Denkt beim Überkopfwurf immer daran: Es ist noch kein Meister vom Himmel gefallen. Gehen die ersten Würfe daneben, kann es nur besser werden. Habt ihr es einmal raus, ist der Überkopfwurf kein Problem mehr.

Überkopfwurf Abbildung 1

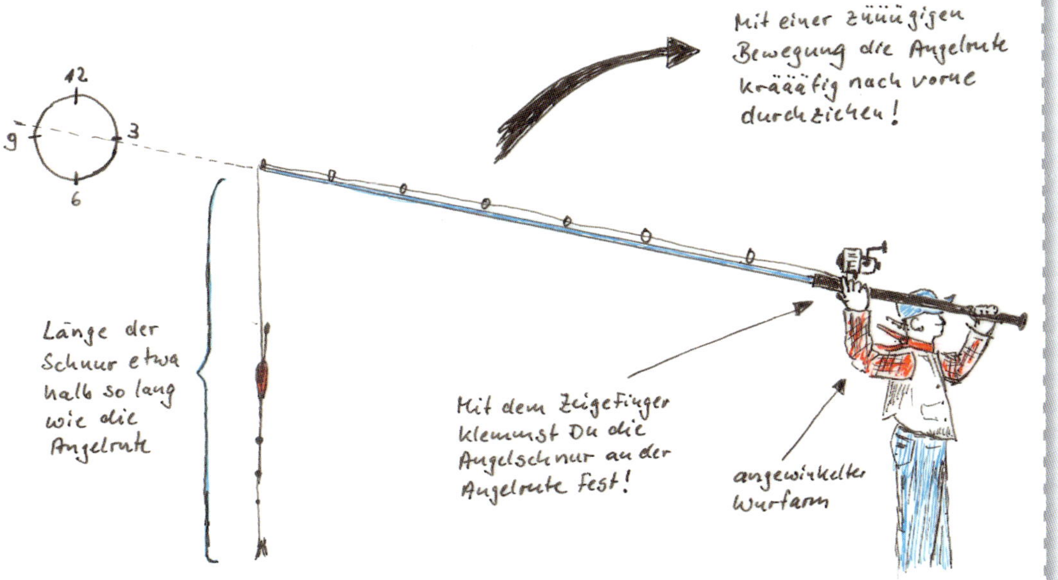

Mit einer zünügigen Bewegung die Angelrute krääätig nach vorne durchziehen!

12
9 · · · 3
6

Länge der Schnur etwa halb so lang wie die Angelrute

Mit dem Zeigefinger klemmst Du die Angelschnur an der Angelrute fest!

angewirkelter Wurfarm

Überkopfwurf Abbildung 2

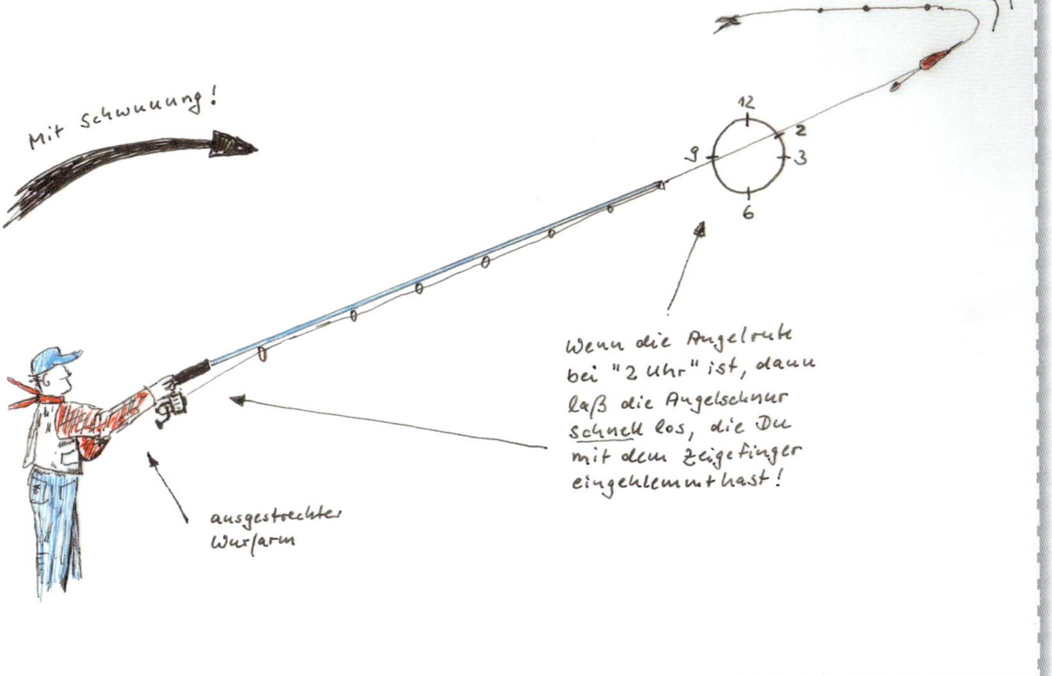

Mit Schwuuung!

12
9 · 2
· 3
6

Wenn die Angelrute bei "2 Uhr" ist, dann laß die Angelschnur schnell los, die Du mit dem Zeigefinger eingeklemmt hast!

ausgestreckter Wurfarm

ANSCHLAG

Damit der Haken im Maule eines Fisches gut hält, ist ein Anschlag mit der Angelrute ganz wichtig. Dazu wird die Länge und Stellung der Angelrute genutzt. Am Besten für einen guten Anschlag ist eine etwa waagerechte Stellung der Angel. Wenn ihr mit Posen oder am Grund angelt, helfen da Rutenständer. Die könnt ihr so aufstellen, dass die Angel etwa waagerecht aufliegt. Angelt ihr mit der Spinn- oder Fliegenangel, achtet ihr selber auf eine möglichst waagerechte Stellung der Angel beim Einkurbeln oder Zupfen. Bekommt ihr nun einen Biss, wird die Angel mit einer kurzen aber kräftigen, ruckartigen Bewegung nach oben oder zur Seite geschlagen. Die Spitzenaktion eurer Angel federt in der Regel den Anschlag ab. Ganz wichtig nach dem Anschlag ist es, die Rute nach oben zu halten. Die Schnur solltet ihr dabei auf Spannung halten, um nicht ein Ausschlitzen des Angelhakens zu riskieren. Ganz so einfach wie beschrieben ist der Anschlag dann doch nicht. Einige Fischarten zupfen erst eine ganze Weile an den Ködern herum bis sie richtig zupacken. Gerade Friedfische sind da sehr vorsichtig. Setzt ihr in so einem Fall zu früh einen Anschlag, werdet ihr den Fisch nicht an den Haken bekommen. Andere Fischarten wiederum brauchen etwas freie Schnur von der Rolle, um den Köder nicht wieder auszuspucken. Geduld und der richtige Moment sind also gefragt. Viele Tipps und Tricks habe ich dazu in den verschiedenen Kapiteln schon preisgegeben. Geht am Besten zusätzlich fleißig angeln und lernt den Anschlag direkt am Wasser. „Verhaut" ihr mal ein paar Bisse dabei, macht euch keinen Stress, das passiert mir selber auch noch nach über 30 Jahren Angelerfahrung und gehört wohl irgendwie dazu.

© Noel Blunder

Wie hier in Hamburg könnt ihr direkt vor der Haustür viele Erfahrungen sammeln.

© Philip Scheuermann

DRILL

Hängt ein Fisch gut am Haken, geht's erst richtig los. Je nachdem wie groß der Flossenträger ist, könnt ihr einen spannenden Drill erleben. „Der Drill" oder „drillen" beschreibt dabei den Kampf zwischen euch mit der Angelrute und dem Fisch am Haken. Das Verhalten von den unterschiedlichen Fischarten ist sehr verschieden, nachdem sie am Haken hängen. In Bächen und Flüssen nutzen viele Fische die Strömung aus und schwimmen genau an die tieferen Plätze, wo ordentlich Bewegung im Wasser ist. Gerade Forellen, Äschen, Barben, Döbel und Welse nutzen stärkere Strömung. In Seen und Teichen ohne Strömung versuchen viele Fische möglichst tief und weit von euch weg zu schwimmen oder in Schutzzonen wie Schilf und Seerosen zu verschwinden. Wichtig, um den Fischen was entgegenzusetzen, ist, dass ihr die Angelrute nach dem Anschlag möglichst hoch haltet. Damit könnt ihr durch die gesamte Aktion eurer Rute den Fisch am Haken beim Drillen ermüden. Das dauert bei großen Fischen schon mal ein paar Minuten länger. Eine Ausnahme beim Drill sind springende Fische. Gerade Forellen und Hechte können voll aus dem Wasser springen. Im Sprung schütteln die Fische dabei heftig mit dem Kopf und versuchen so den Haken los zu werden. Wenn ein Fisch an die Wasseroberfläche schnellt und zum Sprung ansetzt, hört ihr die Angelschnur meist leicht „pfeifen". In so einem Fall versucht am Besten die Rute gegen die Richtung des Fisches waagerecht zu Seite zu ziehen. Damit zwingt ihr den springenden Fisch wieder in sein Element zurück. Eine weitere Ausnahme beim Drill sind Fische, die sich unter überhängende Büsche und Seerosen verstecken oder ins Schilf flüchten wollen. Gerade, wenn ihr vom Ufer angelt, zieht mit waagerechter Angelrute gegen den Fluchtweg, denn dann drehen die meisten Fische ab. Das A und O beim Drillen ist die Einstellung eurer Bremse an der Angelrolle (Kapitel Angelzubehör Seite 92). Ist eure Bremse der Fischart und Größe entsprechend gut eingestellt, sollte eigentlich nichts mehr schief gehen. Behaltet immer einen möglichst kühlen Kopf und haltet die Schnur auf Spannung, dann bleibt ihr am Ende Sieger.

KESCHERN

Die Landung von Fischen nach dem Drill ist eine heikle Sache. Manchmal geht ein Fisch, kurz bevor ihr ihn in den Händen halten könnt, doch noch verloren. Am einfachsten und für den Fisch schonend ist das Keschern. Wenn ihr dabei ein paar Sachen beachtet, werden die meisten Fische in den Maschen eures Keschers landen. Bevor ihr den Kescher einsetzen wollt, müsst iht ganz sicher sein, dass der Fisch am Haken ausgepowert ist. Die meisten Fische verraten euch das, indem sie sich auf die Seite legen und euch die Flanke zeigen. Achtet möglichst immer

darauf, wie und wo der Haken im Fischmaul sitzt. Es gibt nichts schlimmeres als sich mit dem Haken am vorderen Rand oder der Außenseite des Keschers in den Maschen zu „vertüdeln". Denn dann ist der Fisch oft noch nicht im Netz und ihr könnt ihn durch das Verhaken nicht mehr hinein ziehen. Die meisten Fische gehen dabei verloren. Eine weitere wichtige Sache ist die Stellung des Keschers. Versucht den Kescher möglichst flach in das Wasser zu halten. Am besten so, dass nur der vordere Teil unter Wasser ist. Wenn ihr dann den Fisch in den Kescher zieht, braucht ihr den nur leicht anzuheben, und der Fisch hat keine Chance zu entkommen. Haltet ihr den Kescher senkrecht in das Wasser, braucht ihr eine längere Hebelbewegung, um das Netz aus dem Wasser zu bewegen. Das nutzen viele Fische zu der letzten alles entscheidenden Flucht und sind auf nimmer Wiedersehen verschwunden. Der Stiel und die Verbindung zum Kescher sind leider oft aus Plastik oder anderweitig schlecht verarbeitet. Deswegen ist es sehr wichtig, dass ihr den Kescher mit Fisch im Netz nicht waagerecht nach oben hebt. Das kann schnell dazu führen, dass der Stiel oder Verbindungen einknicken. Damit ist der Fisch ebenfalls meistens verloren. Liegt der Fisch sicher im unteren Netzbereich, winkelt ihr den Kescher so an, dass der vordere Rand gerade aus dem Wasser kommt. Dann könnt ihr den Kescher samt Fisch senkrecht nach oben ans Land oder ins Boot heben. In Angelgeschäften gibt es eine ganze Reihe an unterschiedlichen Keschern. Angefangen von Friedfischkeschern mit einem langen Stiel und flachen Netz bis hin zu großen robusten Bootskeschern mit einem sehr tiefen Netz. Überlegt daher, auf was für Fischarten ihr angeln wollt. Zum Einsteigen in die tolle Angelwelt reicht auch ein Allroundkescher aus.

KNOTEN

Klar könnt ihr alles, was so zum Angeln gebraucht wird, in einem Fachgeschäft kaufen. Dazu gehören auch schon vorgeknotete Montagen und Vorfächer. Die meisten Fertigmontagen oder auch Vorfachhaken werden allerdings von Maschinen geknotet. Da kontrolliert keiner, ob der Knoten tatsächlich auch hält. Ich selber und viele meiner Angelfreunde haben schon einige gute Fische im Drill verloren weil das Fertigvorfach einfach nichts getaugt hat. Mittlerweile knote ich meine Haken, Wirbel und alles andere schon seit langem selber an. Diese halten einfach besser, und Geld spart es zusätzlich! Monofile und geflochtene Schnüre sind dünn und sehr anfällig. Ein einfacher Knoten sorgt oft dafür, dass die Wicklungen bei Zug so stark aufeinander drücken, dass die Schnur regelrecht plattgedrückt wird und auseinander reißt. Es gibt sehr viele Angelknoten. Ich beschränke mich auf vier. Wenn ihr die drauf habt, könnt ihr so ziemlich alles selber anknoten. Kleiner Tipp: Versucht es zu Beginn mit einer dickeren Schnur, das geht viel einfacher. Später, wenn ihr den Knoten beherrscht, könnt ihr dann auch ohne Probleme mit dünnen Schnüren arbeiten.

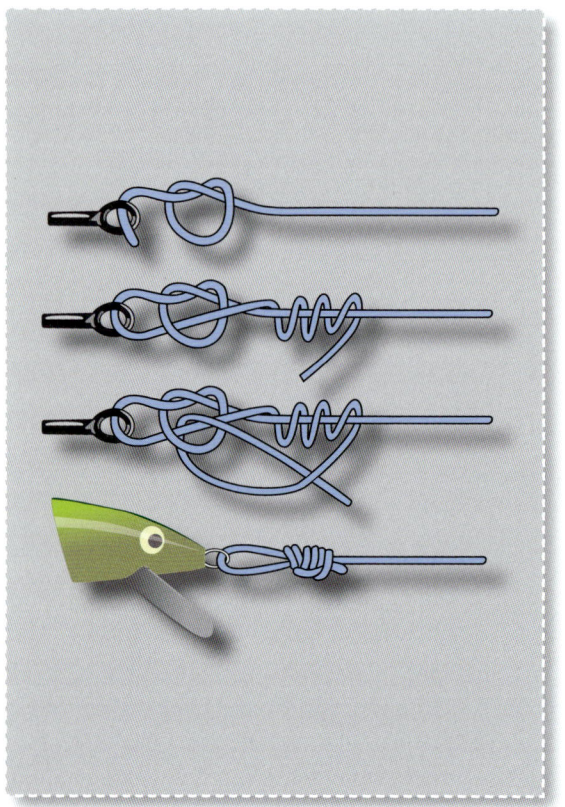

RAPALA-KNOTEN

Der Wobbler-Hersteller RAPALA aus Finnland entwickelte mit dem Rapala-Knoten einen einfachen Knoten. Toll ist, dass mit diesem Knoten unsere Kunstköder sich besonders verführerisch im Wasser hin- und herbewegen. Dieser Knoten eignet sich hervorragend zum Anbinden kleiner Kunstköder wie Wobbler, Fliegen oder Spinner. Lege mit der Schnur zunächst einen Überhandknoten und führe das Schnurende durch die Öse des zu montierenden Köders, hier ein Wobbler. Fädel nun das Schnurende durch die gebundene Schlaufe des Überhandknotens. Anschließend wird das freie Ende der Schnur mehrmals (drei- bis fünfmal) um die Hauptschnur gewickelt. Führe das Schnurende zurück durch die Schlaufe des Überhandknotens. Das freie Ende der Schnur wird nun durch die sich jetzt gebildete Schlaufe geführt. Abschließend ziehst Du den Knoten fest zusammen. Es ist hilfreich, wenn du den Knoten vor dem Zusammenziehen etwas anfeuchtest, um Beschädigungen an der Schnur zu vermeiden.

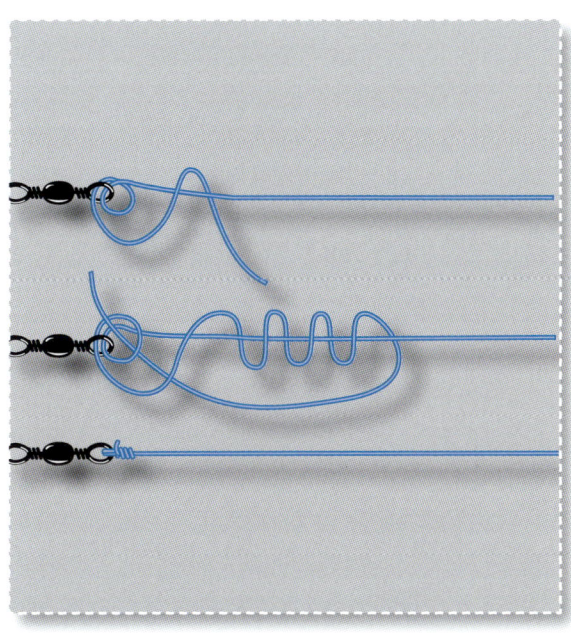

BLINKERKNOTEN (CLINCHKNOTEN)

Dieser Knoten gehört zu den bekanntesten. Er kann auf unterschiedliche Weise gebunden werden. Tests haben jedoch bewiesen, dass der hier gezeigte der stärkste ist. Zuerst wird die Schnur zweimal durch den Wirbel geführt, und hiernach 3 bis 4 Mal um die Schnur. Dann wird das Ende der Schnur durch die beiden Schlaufen geführt, anschließend zieht man den Knoten vorsichtig zu. Es ist sehr wichtig, dass man die Schnur mit dem Mund anfeuchtet, bevor der Knoten zugezogen wird. Man sollte außerdem darauf achten, dass sich die beiden Schlaufen nicht kreuzen, da die Schnur sich sonst selbst einschneiden kann, was die Tragkraft stark herabsetzen würde. Der Clinchknoten kann auch für verschiedene Geflechtschnüre verwendet werden – die meisten sind jedoch so glatt, dass die Gefahr des Aufrutschens besteht.

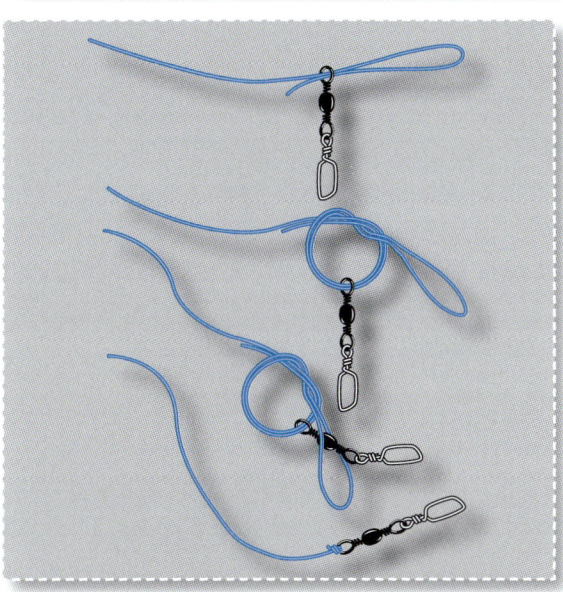

PALOMARKNOTEN

Ein einfacher aber starker Knoten. Er ist sehr gut geeignet für Geflechtschnüre, kann aber auch für Nylonschnüre verwendet werden. Wenn der Knoten zugezogen wird, sollten die Schnurschlaufen ordentlich nebeneinander liegen. Andernfalls wird der Knoten stark geschwächt. Der Palomarknoten kann in vielen Fällen den Blinkerknoten ersetzen. Aber um diesen Knoten zu binden, muss man die Schlaufe über das Ende führen können, was nicht immer möglich ist.

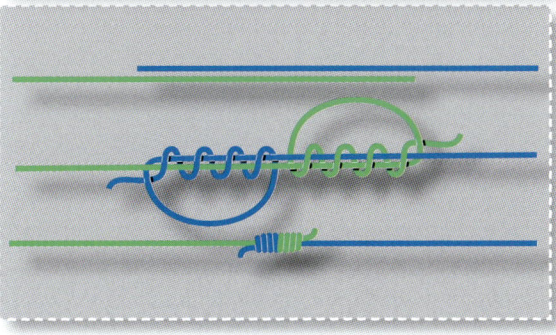

VERBINDEN VON SCHNÜREN MIT DEM UNIKNOTEN

(BLUTKNOTEN) Dies ist der wahrscheinlich beste Knoten, um zwei Schnüre miteinander zu verbinden. Hierfür wird jeweils ein Uniknoten auf das andere Schnurende gebunden. Dieser Knoten ist auch geeignet, um zwei unterschiedlich dicke Schnüre miteinander zu verbinden – er eignet sich aber auch für das Verbinden von Geflecht- und Nylonschnur. Zum Beispiel ist es ratsam, beim Befüllen der Rollenspule eine Nylonschnur als Unterschnur zu benutzen und erst darauf 100 bis 150 Meter geflochtene Schnur zu spulen. In solch einem Fall ist der Uniknoten perfekt geeignet, um diese beiden sehr unterschiedlichen Schnurtypen miteinander zu verbinden.

Meine größten Karpfen bissen allesamt bei echtem „Schietwetter" im Frühling. Regenschauer und starker Wind von vorne waren für den tollen Fangerfolg genau das richtige Wetter. Die dicksten Aale fange ich an warmen, schwülen und windstillen Angelabenden im Sommer. Am Forellensee geht am dem Wind zugewandten Ufer im Herbst so richtig die Post ab. Ihr merkt es sicher schon. Jeder Fisch hat so seine Vorlieben, was Wetter und Jahreszeiten betrifft. Deswegen ist es schwierig, über das beste Fischwetter und die optimale Jahreszeit zu schreiben. Klar, bei einigen Fischarten ist schon anhand der Schonzeit ein Angelansitz im Frühjahr oder Herbst ausgeschlossen. Im Folgenden werde ich versuchen, euch so weit wie möglich meine Erkenntnisse zu beschreiben. Das alles aber ohne Gewähr, denn auch bei ganz untypischem Wetter können unerwartete Fischarten gefangen werden. Hauptsache für einen guten Fangerfolg ist immer noch, dass euer Köder im Wasser ist!

Im Winter ist das Angeln im Süßwasser sehr schwierig, bei zugefrorenen Gewässern geht dann meist nichts mehr. Sind die Gewässer eisfrei, können Hartgesottenen auf Quappen und Brassen los.

An lauschigen Abenden und in der Nachtzeit könnt ihr in den Sommermonaten immer mit ein paar schönen Aalen am Haken rechnen.

FRÜHLINGSERWACHEN

Mit den ersten Sonnenstrahlen im Frühjahr erwärmen sich die Gewässer. Mit der steigenden Wassertemperatur fangen viele Fischarten wieder an, besser zu verdauen und damit auch mehr zu fressen. Die Fische sind in der Regel sehr aktiv und schwimmen längere Strecken, um Beute zu machen. Darüber hinaus laichen eine Menge unterschiedlicher Fischarten im späten Winter oder zeitigen Frühjahr. Nach dem anstrengenden Laichgeschäft ist ihr Hunger oft unersättlich. Im Frühjahr könnt ihr den gesamten Tag über mit guten Fängen rechnen. Achtet allerdings immer auf die lokalen Schonzeiten. In den meisten Gewässern besteht auf Hecht und Zander bis zum 1. Mai ein Angelverbot.

SOMMERZEIT

Erwärmt sich die Wassertemperatur in den langen, warmen Sommermonaten, fängt in vielen stehenden Gewässern die Algenblüte an. Oft ist das Wasser dann sehr trübe, und an der Oberfläche könnt ihr einen grünen Film aus Algen ausmachen. Vor allem Fischarten, die sauerstoffreiches Wasser gewöhnt sind, haben während der Sommermonate eine schwere Zeit, die ihnen durchaus auf den Magen schlägt. Andere Arten wiederum werden mit dem warmen Wasser erst so richtig munter und fangen an zu fressen, als gäbe es kein Morgen mehr. Vor allem Aal, Wels, Rapfen und Barsch sind dann gut zu fangen. Friedfische gehen eigentlich den gesamten Sommer über gut und regelmäßig an die Haken. Die beste Angelzeit liegt eindeutig in den zeitigen Morgenstunden und am späteren Abend in den Dämmerphasen und während der Nachtzeit.

Nach der Schonzeit lassen sich ab Mai viele gute Hechte in sehr flachen Gewässerabschnitten auf Kunstköder fangen.

HERBSTFÄNGE

Nimmt die Wassertemperatur in den Herbstmonaten wieder ab, beginnt unter Wasser das große Fressen. Alle Fische wollen sich vor der langen kalten Winterzeit noch mal so richtig die „Plautze voll hauen" und Fett für die kühlen Monate ansetzen. Im Herbst ist dann tatsächlich mit allen beschriebenen Fischarten zu rechen. Gerade bei Schwarmfischen wie Barsch, Brassen und Rotaugen gehen oft mehrere in kürzester Zeit hintereinander an die Haken. Somit könnt ihr im Herbst den gesamten Tag über mit guten Fängen rechnen. Auch in der ersten Dunkelphase beißen viele Fischarten sehr gut. In einigen Gewässern fängt gerade für Forelle und Äschen die Schonzeit an. Informiert euch vor dem Angeln deswegen unbedingt über die lokalen Regeln.

WINTERTIME

Fällt die Wassertemperatur in der kalten Jahreszeit unter fünf Grad, legen viele Fische eine Fresspause ein. Erstens können die Fische auf Grund der Kälte nicht mehr so gut verdauen, und zweitens werden viele Fischarten im Winter träge und suchen weichen Untergrund auf, um sich im Schlamm zu wärmen. Der Energiehaushalt wird so stark heruntergefahren, dass Karpfen und Co. mit ganz wenig Nahrung lange auskommen können und von ihren Fettreserven zehren. Des einen Leid ist des anderen Freud lautet ein deutsches Sprichwort. So wird die Quappe mit der Winterzeit erst so richtig aktiv und kann auch bei Minusgraden noch mit deftigen Ködern gefangen werden. Meistens sind es wir Angler, die dann eher einen Platz am warmen Ofen vorziehen, anstatt beim

Ein schöner Anblick, Regenbögen und steigende Fisch nach einem Gewitter sind ein tolles Erlebnis. Bevor ein Gewitter heranzieht, solltet ihr eure Angelköder aus dem Wasser ziehen und euch unbedingt Schutz suchen.

Quappen-Ansitz zu zittern. Auch Rotaugen und Brassen gehen in der kalten Winterzeit tagsüber regelmäßig auf kleine Köder. Im Allgemeinen stehen die Fische im Winter in den tiefen Abschnitten der Gewässer. Dort ist die Wassertemperatur ein wenig höher als in Flachbereichen oder im Oberflächenwasser.

DONNER UND BLITZ

In vielen Angelzeitschriften und Büchern steht geschrieben, dass die Fische bei Gewitter gut beißen. Im Grunde genommen ist das auch o.k. Durch eine Gewitterfront ändert sich der Luftdruck und das macht viele Fischarten hungrig. Also könnt ihr in solch einer Wetterphase mit guten Erfolgen auf alle Fischarten am Wasser zählen. Ein großes Problem direkt während eines Gewitters sind aber eure Angeln. Die meisten Ruten besehen aus Kohle- und Glasfaserstreifen. Die beiden Materialien sind allerdings auch hervorragende Leiter für den Strom. Wasser zieht Blitze eh schon an, eure Angelrute ist während eines Gewitters das gefundene Fressen für einen Blitz. Daher ist es ganz wichtig, bei Gewitter die Ruten nicht anzufassen, erst wieder wenn die Gewitterfront vorbeigezogen ist. Bringt euch deshalb selber vor dem Gewitter in Schutz und zieht die Köder aus dem Wasser. Wenn ihr mit dem Boot unterwegs seid, achtet immer auf heranziehende Gewitter und fahrt auf jeden Fall vor dem Gewitter an Land!

SONNE PUR

Wenn die Sonne so richtig vom Himmel scheint, werden Gewässer stark lichtdurchflutet. Es wird hell für die Fische. Einige Arten stört das weniger, andere begeben sich in den Schutz von Unterwasserpflanzen, überhängenden Büschen oder Brücken und Steganlagen. Besonders die Räuber unter Wasser sind da sehr pingelig, bis auf Rapfen. Der zahnlose Räuber macht gern bei praller Sonne am Tage Beute. Barsch und Co. solltet ihr unter Unterständen und am Morgen und Abend beangeln. Friedfische sind da nicht so zickig, an den richtigen Plätzen beißen Brassen und Rotaugen auch noch sehr gut bei strahlendem Sonnenschein. Im Frühjahr könnt ihr nach einem Sonnentag sehr gut am Abend angeln. Das Wasser hat sich dann den Tag über erwärmt, was zur Folge hat, dass die Fische gefräßiger werden.

REGENTAGE

Prasselt es so richtig vom Himmel, ist erst einmal wetterfeste Kleidung angesagt. Es gibt nichts Schlimmeres, als völlig durchnässt am Wasser mit der Angel unterwegs zu sein. Meistens wird euch dann kalt und die Angellaune sinkt auf den Nullpunkt. Mit guter Regenkleidung und einem großen Angelschirm sieht das schon anders aus. Einige Fischarten sind nämlich bei Regen sehr aktiv. Besonders Aal, Karpfen und Schleien, aber auch andere Friedfische haben an Regentagen einen ausgiebigen Appetit. Bei vielen Raubfischen ist das leider anders. Dauerregen scheint Hecht und Co. eher den Hunger zu verleiden. Die Tageszeit spielt bei Regen keine große Rolle, ihr könnt den gesamten Angeltag mit Fischen am Haken rechnen.

WOLKENTAGE

Ist der Himmel bedeckt, lassen sich eigentlich alle Fischarten im Süßwasser sehr gut fangen. Gerade auch die Räuber im süßen Nass sind dann sehr aktiv und jagen oft sogar im Oberflächenwasser. Viele Fische nutzen den wolkenverhangenen Himmel aus, um schnell die Standtiefen zu wechseln. So könnt ihr gerade noch einen Barsch am Grund gefangen haben und nur eine kurze Zeit später seht ihr Barsche an der Oberfläche kleine Fische jagen. Auch die Nachtfische werden bei bewölktem Himmel munter. So ist es nicht selten, dass an Wolkentagen auch mittags mal ein oder zwei Aale den Köder verspeisen. Vom zeitigen Morgen bis zum späten Abend könnt ihr bei bewölkten Wetter immer mit guten Fangerfolgen punkten.

WINDTAGE

Bläst es so richtig an unseren Gewässern, sind schnell Wellenkämme an der Wasseroberfläche auszumachen. Dort wo die Wellen gegen das Ufer klatschen oder an flachen Stellen im Gewässer gebrochen werden, entsteht Strömung, die das Wasser bewegt. Mit dieser Strömung wird auch Nahrung für viele Fischarten transportiert. Darüber hinaus wird durch die Wellen das Wasser regelrecht umgewälzt. Dadurch wird das Wasser mit Sauerstoff angereichert. Für viele Fischarten ein absolutes Muss. So könnt ihr zum Beispiel gerade Barsche oder Forellen bei klarem Wasser genau an den Kanten finden, wo der Wind drauf steht. Karpfen und große Brassen mögen es da schon etwas trüber, stehen aber auch auf Bewegung am Ufer durch Wellenschlag. An Windtagen könnt ihr den gesamten Tag über gut Angeln.

VON ALLEM WAS

Wenn ihr in einem Geschäft eine Tüte loser Süßigkeiten zusammenstellt, ist über die Vielfalt oft große Freude beim Kauen und Lutschen angesagt. So ähnlich ist das bei den Fischen mit Mischwetter. Mal Wolken, ein kleiner Schauer, dann ein paar Sonnenstrahlen und etwas Wind ist wie bei eurer Naschtüte bei vielen Fischarten „in". Wechselhaftes Wetter am Tage bringt oft viele unterschiedliche Fische zum Anbiss und damit auch eine ganze Menge Spaß mit sich.

Mischmasch aus allem am Himmel bringt immer Fische - egal ob Raub oder Friedfische - an den Haken.

Neben dem Angeln ist es für euch sehr wichtig zu wissen, wie ihr mit einem gefangenen Fisch umgeht. Auch weitere interessante Fragen über die Seitenlinie, die Organe, Schuppen und Form des Fisches werden mir oft am Wasser gestellt. In diesem Abschnitt beschreibe ich euch möglichst einfach und verständlich, wie Fische so drauf sind und was ihr nach dem Fang mit eurer Beute anstellen könnt. Wenn ihr trotzdem nicht alle Wörter kennt, fragt einfach mal eure Eltern oder erfahrene Angelkollegen und Freunde.

Fisch ist lecker! Fisch ist gesund! Was liegt also für uns Angler näher, als den gefangenen Fisch auch einmal zu verspeisen?

WAS IST EIGENTLICH EIN FISCH?

In den Gewässern auf der Erde leben ungefähr 25.000 verschiedene Fischarten. Die meisten davon wohnen im Salzwasser. Meeresforscher entdecken jedes Jahr neue Fischarten. Fische werden in drei größere Gruppen unterteilt: Rundmäuler, Knorpelfische und Knochenfische. Die drei Gruppen entstanden während des Silur-Erdzeitalters vor etwa 400 Millionen Jahren. Obwohl das Aussehen von den verschiedenen Fischarten oft sehr unterschiedlich ist, haben alle Fische grundlegende Gemeinsamkeiten.

GIB MIR DIE FLOSSE

Fische haben an ihrem Körper keine Hände und Arme wie wir Menschen sondern Flossen. Die Flossen dienen zum großen Teil der Bewegung und dem Gleichgewicht. Durch Bewegungen der Schwanzflosse können die meisten Fischarten schnell beschleunigen. Die Brust-, Rücken- und Afterflossen nutzen viele Fischarten zum Steuern und um ihren Körper im Gleichgewicht zu halten. Einige Fische haben stark ausgeprägte Brustflossen, um damit den Gewässergrund nach Nahrung aufzuwühlen. Die Flossen der Fische bestehen aus Weich oder Stachelstrahlen. Die erste Rückenflosse von einem Barsch hat zum Beispiel Stachelstrahlen. Das könnt ihr gut fühlen, wenn ihr vorsichtig mit dem Zeigefinger auf die Rückenflosse drückt. Aale hingegen haben einen langen Flossensaum auf dem Rücken und am Bauch. Diese Flossen sind aus Weichstrahlen und piksen daher nicht wie bei einem Barsch. Jeder Strahl von den Fischflossen hat direkt an dem Körper eine Art Gelenk, genau wie unser Knie oder Fuß. Durch Muskeln können Fische mit

Fische passen ihre Körperform ihrem Lebensraum an. Forellen haben beispielsweise einen torpedoförmigen Körper, um möglichst wenig Energie in starker Strömung zu verbrauchen.

diesem Gelenk ihre Flossen aufstellen oder einfalten. Ohne Flossen könnten sich Fische nicht richtig bewegen und würden andauernd umkippen.

SCHAU MAL WER DA SCHWIMMT

Die Körperform von den verschiedenen Fischarten ist sehr stark ihrer Lebensweise angepasst. Das heißt, eine Forelle hat zum Beispiel einen torpedoförmigen Körper, der optimal für strömungsreiche Standorte geeignet ist und zudem schnelles Schwimmen erlaubt. Ein Aal, der vorwiegend am und knapp über dem Gewässerboden lebt, hat hingegen einen langgestreckten, fast schlangenähnlichen Körper, um sich am Besten fortbewegen zu können. Karpfen haben einen sehr hochrückigen Körper. Das schützt sie vor vielen Raubfischen, denn ein hochrückiger Fisch ist von einem Räuber nicht so einfach zu verschlingen. Kurz und knapp: Jede Fischart passt sich in der Form ihres Körpers dem Lebensraum und der möglichen Lebensweise an.

DIE SEITENLINIE

Alle in diesem Buch beschriebenen Fischarten haben eine Seitenlinie. Bei einigen ist sie gut und deutlich auf den beiden Flanken des Körpers zu erkennen. Bei anderen ist sie nur undeutlich zu sehen. Mit der Seitenlinie können Fische Druckwellen empfangen. Das heißt, ein kleines Rotauge kann mit der Seitenlinie den herannahenden Hecht „fühlen" und sich deshalb umgehend in Sicherheit bringen. Die Seitenlinie eines Fisches besteht aus vielen kleinen Sinnesorganen. Die Sinnesorgane, wie bei uns die Augen und Ohren, leiten auch die kleinsten Druckwellenunterschiede weiter an Sinneszellen. Von den Sinneszellen geht es nochmals weiter bis zum zentralen Nervensystem. Kurz und knapp: Fische können mit ihrer Seitenlinie andere Fische oder Gegenstände wahrnehmen. Die Seitenlinie unterstützt und verstärkt dadurch die Augen eines Fisches.

WIE ATMET EIN FISCH?

Wie wir Menschen auch brauchen Fische Sauerstoff, um zu überleben. Anders als bei uns Menschen atmen Fische ihren Sauerstoff aber nicht aus der Luft, sondern filtern den Sauerstoff im Wasser durch ihre Kiemen heraus. Sauerstoff im Wasser entsteht durch Strömung, Wind und Photosynthese von Wasserpflanzen und Algen. Ohne Sauerstoff im Wasser können Fische nicht überleben.

DIE SCHWIMMBLASE

Im Süßwasser haben die meisten Fische eine Schwimmblase. Im Inneren der Blase befindet sich ein Gasgemisch. Deshalb braucht ihr aber keine Angst zu haben. Das Gas der

KÖRPERBAU

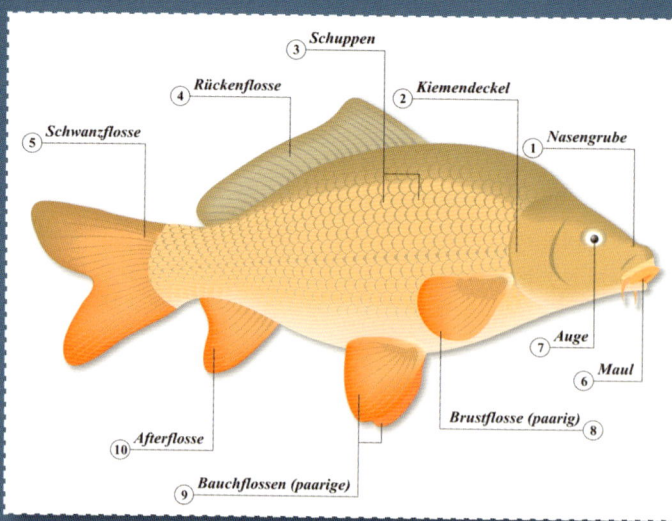

- (5) Schwanzflosse
- (4) Rückenflosse
- (3) Schuppen
- (2) Kiemendeckel
- (1) Nasengrube
- (7) Auge
- (6) Maul
- (8) Brustflosse (paarig)
- (10) Afterflosse
- (9) Bauchflossen (paarige)

SKELETT

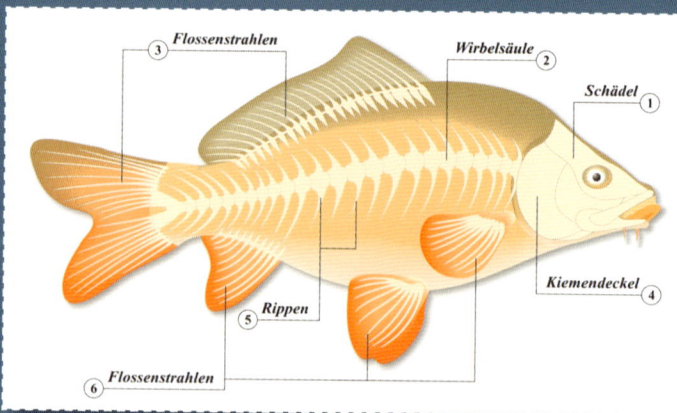

- (3) Flossenstrahlen
- (2) Wirbelsäule
- (1) Schädel
- (5) Rippen
- (4) Kiemendeckel
- (6) Flossenstrahlen

INNERE ORGANE

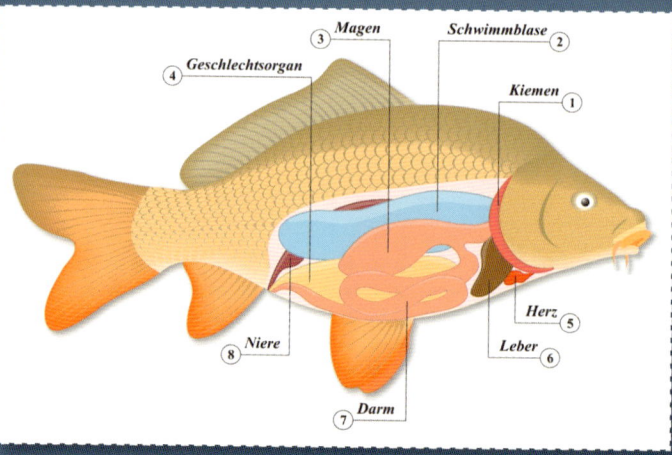

- (3) Magen
- (2) Schwimmblase
- (4) Geschlechtsorgan
- (1) Kiemen
- (5) Herz
- (6) Leber
- (8) Niere
- (7) Darm

SCHUPPEN

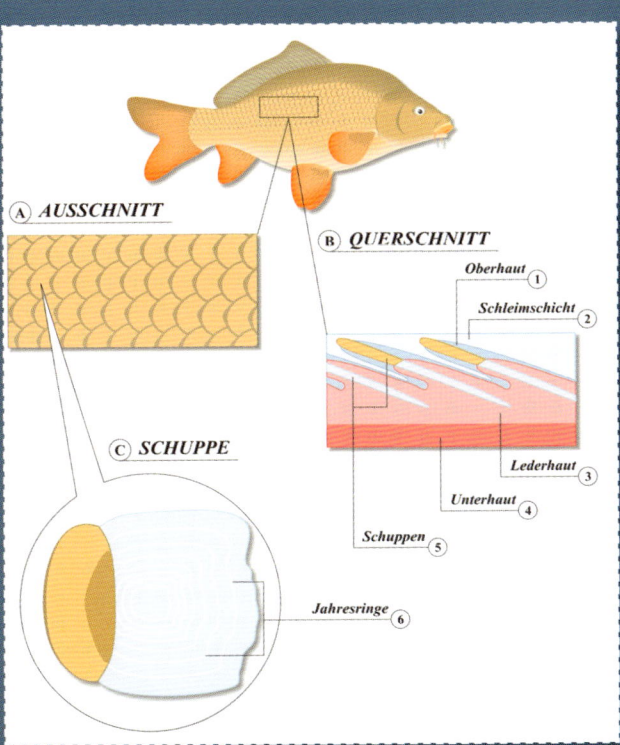

A *AUSSCHNITT*

B *QUERSCHNITT*

Oberhaut ①
Schleimschicht ②
Lederhaut ③
Unterhaut ④
Schuppen ⑤

C *SCHUPPE*

Jahresringe ⑥

ATMUNG

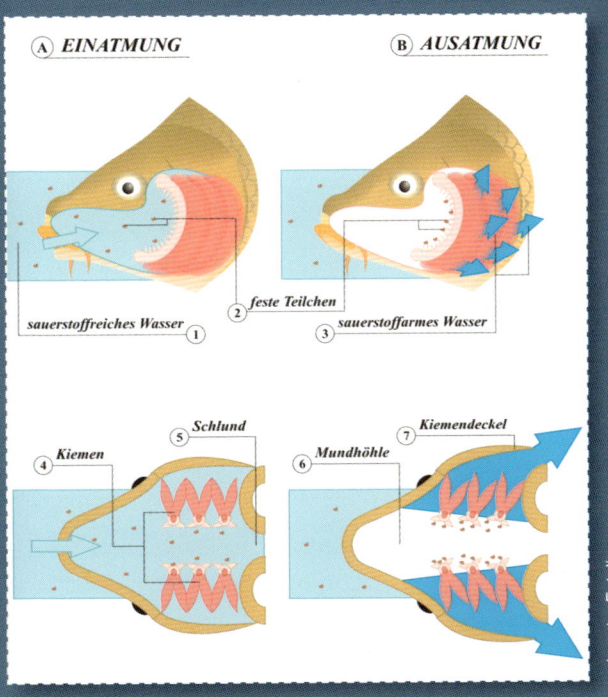

A *EINATMUNG*   **B** *AUSATMUNG*

feste Teilchen ②
sauerstoffreiches Wasser ①
sauerstoffarmes Wasser ③

Schlund ⑤
Kiemen ④
Kiemendeckel ⑦
Mundhöhle ⑥

Fische ist nicht giftig. Da das Gas leichter als Wasser ist, dient die Schwimmblase den Fischen als Auftriebskörper. Bei den meisten Fischen ist die Schwimmblase ein isoliertes Organ. Das heißt, die Schwimmblase ist nicht mit einem anderen Organ verbunden. Bei einigen Fischen, wie beispielsweise dem Lachs ist die Schwimmblase mit dem Darm verbunden, was die mir oft gestellte Frage aufkommen lässt: „Können Fische pupsen?". Knorpelfische wie beispielsweise einige Welsarten haben keine Schwimmblase. Um am besten die Wassertiefen wechseln zu können, dient Knorpelfischen als Auftriebshilfe ihre große, oft sehr fetthaltige Leber. Kurz und knapp: Fische brauchen ein Organ, das ihnen als Auftrieb dient. Bei den meisten ist das die Schwimmblase.

HAUT UND SCHUPPEN

Wenn ihr schon mal einen Fisch in der Hand gehalten habt, ist euch mit Sicherheit aufgefallen, wie schleimig die meisten Fische sind. Das liegt an ihrer äußersten Hautschicht, der Epidermis, auf der auch die Schleimzellen sitzen. Diese Schicht schützt Fische davor krank zu werden. Ohne den schützenden Schleim würden Bakterien, Hautpilze und andere Parasiten den Fisch krank machen. Wenn ihr einen Fisch anfasst und ihn zurück ins Wasser setzen wollt, achtet immer darauf, den Fisch mit feuchten Händen anzufassen, um die Schutzschicht nicht zu beschädigen. Die Schleimschicht ist sozusagen der chemische Schutz. Die Schuppen eines Fisches bieten hingegen zusätzlichen (physischen) Schutz vor äußeren Verletzungen. Die Schuppen sind dabei knöcherne Abscheidungen der unteren Hautschicht (Coriums). Bei Fischarten wie beispielsweise dem Zander mit rauen Schuppen ist die obere Hautschicht oft beschädigt. Das Schuppenkleid eines Fisches wächst mit der Körpergröße mit. Das heißt, wenn der Fisch mit zunehmendem Alter größer wird, werden auch die Schuppen größer. Die Schuppenform ist bei Fischen unterschiedlich. Einige wie der Barsch haben raue am Ende leicht gezackte Kammschuppen. Brassen haben glatte am Ende gebogene Rundschuppen. Anhand von einer Schuppe könnt ihr feststellen, wie alt ein Fisch eigentlich ist. Ähnlich wie bei Bäumen haben die Schuppen unter einem Mikroskop betrachtet Jahresringe. Jeder Ring gilt dabei für ein Lebensjahr. Knochenfische haben zwei Hautschichten. Außen dünn und schleimig, darunter fest und mit Schuppen besetzt.

WIE VERSORGE ICH EINEN GEFANGENEN FISCH?

Nachdem der Fisch gefangen ist und ihr ihn zum Essen mit nach Hause nehmen könnt, ist einiges zu beachten. Wer schon die Fischereiprüfung abgelegt hat, lernt das waidgerechte Versorgen eines Fisches. Waidgerecht bedeutet, dass der gefangene Fisch, bevor er getötet wird, nicht unnötig leidet. Das waidgerechte Versorgen eines Fisches ist in

Zum fach- und waidgerechten Versorgen eines Fisches braucht ihr eine Zange zum Hakenlösen, einen Betäubungsschläger und ein spitzes Messer.

Deutschland und vielen anderen Ländern auf der Welt zudem gesetzlich vorgeschrieben. Wer seinen gefangenen Fisch nicht waidgerecht versorgt, bekommt mächtig Ärger. So nun aber zurück zu eurem gefangenen Fisch. Liegt der an Land oder im Boot, müsst ihr den Fisch erst einmal betäuben. Das geht am besten mit einem kräftigen Holzstiel, wie zum Beispiel mit einem Hammerstiel. Es gibt im Angelfachgeschäft auch extra Betäubungsschläger. Wichtig ist es, mit dem Hammerstiel oder Betäubungsschläger dem Fisch knapp über den Augen auf dem Kopf einen kräftigen Schlag zu versetzen. Die Betonung liegt dabei auf einem Schlag, nicht auf drei, vier oder mehr, ansonsten leidet der Fisch, das ist dann ebenfalls nicht waidgerecht. Ist der Fisch betäubt, habt ihr während der Fischereiprüfung gelernt, mit einem spitzen Messer zwischen den Brustflossen einen Herzstich zu machen. Eine waidgerechte Variante, wenn ihr das Herz des Fisches gleich trefft. Das Herz einer 30 Zentimeter langen Forelle ist etwa so groß wie eine Rosine, also nicht immer leicht zu treffen. Wenn aus dem Stich Blut läuft, habt ihr den „Herzstich" erfolgreich abgeschlossen. Eine weitere Möglichkeit ist, nach dem Betäuben einen Kiemendeckel aufzuklappen und den untersten Kiemenbogen mit einem Messer oder einer scharfen Zange zu durchtrennen. Meines Erachtens ist diese Möglichkeit wesentlich überschaubarer als mit einem Messer eine verborgene Rosine zu treffen. In einigen Bundesländern ist allerdings nur der Herzstich waidgerecht. Erkundigt euch daher bitte, um unnötigen Ärger aus dem Weg zu gehen. Neben dem waidgerechten Versorgen eines Fisches ist der Herzstich oder das Durchtrennen des unteren Kiemenbogens wichtig, damit das Blut aus den Fisch laufen kann. Ansonsten läuft das Blut oft in das Fischfleisch, was dann recht unappetitlich aussieht.

WIE NEHME ICH EINEN FISCH AUS?

Bevor ihr einen Fisch ausnehmt ist es ratsam ihn zu entschuppen. Das geht viel einfacher als nach dem Ausnehmen. Um einen Fisch zu schuppen, braucht ihr ein nicht ganz so scharfes Messer mit glatter oder leicht gezackter Klinge. Die Schuppen lösen sich, wenn ihr mit dem senkrechten oder leicht nach hinten gestreckten Messer unter mittlerem Druck vom Schwanzende in Richtung Kopf arbeitet. Spült den geschuppten Fisch mit Wasser ab und streicht mit der Handfläche von der Schwanzflosse Richtung Kopf. So könnt ihr noch Stellen entdecken mit nicht gelösten Schuppen. Ist der Fisch vollständig abgeschuppt, braucht ihr ein scharfes Messer mit glatter Klinge. Mit dem Messer schneidet ihr vom After bis zu den oberen Kiemenbögen. Achtet darauf, dass euer Messer möglichst waagerecht gestellt ist, um nicht unnötig die inneren Organe zu beschädigen. Das wäre zwar nicht schlimm, veranstaltet aber meistens eine „Sauerei". Dann könnt ihr die Bauchhöhle aufklappen und die Innereien entfernen. Das geht am besten mit etwas Wasser zum Spülen. Entweder ihr schneidet nach dem Ausweiden den Kopf direkt hinter den Kiemenbögen ab. Wenn ihr den Fisch mit Kopf zubereiten wollt, solltet ihr dagegen die Kiemen entfernen. Das geht am Besten, wenn ihr mit dem scharfen Messer an der Stelle, wo die beiden oberen Kiemenbögen zusammenlaufen, einen Schnitt macht und einen weiteren, jeweils an den Seiten der unteren Kiemenbögen. Nach dem Ausnehmen den Fisch gut waschen und fertig, dann sind am besten Vater oder Mutter in der Küche dran.

WIE FILETIERE ICH EINEN FISCH?

Das Filetieren eines Fisches ist schon etwas heikler als Ausnehmen und benötigt daher viel Übung. Mein jüngster Sohn Mattes hat mit 10 Jahren angefangen, seine ersten Fische zu filetieren. Das aber auch nur mit meiner Begleitung und unter Anweisung. Ein Filetiermesser ist echt scharf und selbst erfahrene ältere Angler verletzen sich, wenn sie nicht richtig aufpassen beim Filetieren. Also keine Experimente, wenn ihr Filetieren wollt und ungeübt seid! Holt euch dann Hilfe von Erwachsenen. Ein kleiner Tipp: Wenn eure Eltern im Filetieren ebenfalls ungeübt sind, geht in ein Fischgeschäft und fragt, ob die Verkäufer euch weiterhelfen können. So nun will ich trotzdem mal beschreiben, wie das mit dem Filetieren geht. Dazu vorab, es gibt unterschiedliche Möglichkeiten, einen Fisch zu filetieren. Die folgende Methode ist meine Art, ein Filet zu schneiden. Setzt die Messerspitze waagerecht vor der Rückenflosse in der Mitte des Fischrückens mit der Schneide zur Schwanzflosse an und stecht vorsichtig durch die Hautschichten. Haltet das Messer dabei möglichst gerade, dann rutscht es über die Mittelgräte. Seit ihr knapp über der Mittelgräte wird das Messer leicht angehoben und von der Rückenflosse zur Schwanzflosse gezogen. Dabei könnt ihr schön über die Gräten bis zur Schwanzflosse ziehen. Schon ist die erste Hälfte eines Filets geschafft. Führt das Messer wieder oberhalb der Rückenflosse am Anfang des vorherigen Schnittes ein. Diesmal allerdings mit der Schneide zum Kopf. Nun zieht ihr das Messer wieder leicht angehoben waagerecht bis zur Knochenplatte am Kopfende. Jetzt ist das Filet schon fast fertig. Ein senkrechter Schnitt vom oberen Kopfende bis Brustflosse trennt das obere Filetende. An der Schwanzflosse zieht ihr mit dem waagerechten Messer einfach leicht nach oben. Nun müsst ihr nur noch das Filet von der Bauchpartie trennen und Voilá, fertig. Dreht den Fisch um und schneidet genau so auf der anderen Seite. Damit habt ihr zwei hoffentlich grätenfreie Filets.

Wenn ihr die Haut abziehen wollt, fangt mit leicht angehobenen Messer und der Schneide zum Kopf am Schwanz an. Achtet darauf, das Messer nicht zu sehr anzuheben, dadurch könnte die Haut zerschnitten werden. Haltet die Haut am Schwanzende mit einer Hand fest und zieht mit der anderen das Messer bis zum oberen Filetende. Das ist im kurzen die Kunst des Filetierens. Denkt immer daran, Übung macht den Meister, seid also nicht gleich enttäuscht, wenn die ersten Filets etwas holperig werden!

Aus dem Filets von Brassen und Rotaugen lassen sich mit etwas Paniermehl und sehr kleingeschnittenen Gemüse super schmackhafte Fischfrikadellen zubereiten – lecker!

In den meisten Ländern sind zum Angeln eine oder sogar mehrere Lizenzen erforderlich. Die Bestimmungen sind allerdings sehr unterschiedlich. In Dänemark dürfen Kinder und Jugendliche zum Beispiel bis zum 16ten Lebensjahr umsonst in der Nord- oder Ostsee angeln. In Spanien ist dagegen bei dem zuständigen Amt eine geringe Abgabe für das Angeln am Meer erforderlich. Im Süßwasser wird es leider oft sehr kompliziert, je nachdem wer der Pächter eines Sees oder Flussabschnitts ist. Erkundigt euch immer ganz genau, was ihr für Voraussetzungen erfüllen müsst, um die Angelrute auszuwerfen.

Kinder unter 12 Jahren können in Begleitung eines Erwachsenen mit gültigen Papieren zum Angeln. Nach einem erfolgreichen Tag, den dicksten Barsch dann gleich über einem Feuer zubereiten ist ein tolles Erlebnis.

DER FISCHEREISCHEIN

Wenn ihr in Deutschland mit der Angel unterwegs seid, sind bestimmte Regeln und Gesetze zu beachten. Grundsätzlich ist ab dem 12ten Lebensjahr ein Fischereischein erforderlich, in einigen Bundesländern erst mit dem 14ten Lebensjahr. Dafür müsst ihr eine Prüfung ablegen und im Vorfelde einen Angellehrgang besuchen. Die Bestimmungen für den Lehrgang und die Prüfungen sind in den Bundesländern unterschiedlich. Der Angellehrgang beinhaltet meistens vier Termine innerhalb eines Monats. Am besten erkundigt ihr euch bei einem Angelfachgeschäft in eurer Nähe. Dort werden meistens im Frühjahr und Herbst Kurse angeboten. Am Ende von so einem Kurs steht dann die Prüfung an. Dabei bekommt ihr eine Reihe von Fragen, zu deren Beantwortung ihr von verschiedenen vorgegebenen Antworten die richtige ankreuzen könnt. Die Fragen drehen sich natürlich rund ums Angeln. Ihr lernt in dem Kurs etwas über Fischarten, Angelköder und Angelgerät, Schonzeiten und Mindestmaße, Naturschutz und Gesetzeskunde. Habt ihr die Prüfung bestanden, könnt ihr euch im Rathaus oder beim zuständigen Amt einen Fischereischein ausstellen lassen. Dazu braucht ihr ein Passbild und müsst zusätzlich noch um die 25 Euro bezahlen (Gebühren und Gültigkeitsdauer sind je nach Bundesland unterschiedlich). Mit eurem Fischereischein dürft ihr in einigen Süßwassergewässern und Teilen der Ost- und Nordsee angeln. Für viele Süßwassergewässer ist eine zusätzliche Angellizenz erforderlich. Entweder ihr tretet in einen Angelverein ein oder ihr kauft euch unter Vorlage eures Fischereischeins eine Tages- oder Wochenkarte. Meistens ist es preisgünstiger, in einen ortsansässigen Angelverein einzutreten. Ganz wichtig für euch ist, sich an fremden Gewässern immer genau nach den Bestimmungen zu erkundigen! Da gibt es viele Unterschiede, je nachdem wie der ansässige Angelverein oder der Pächter eines Sees das festgelegt hat. Somit sind Mindestmaße und Schonzeiten oft sehr verschieden.

FRÜH ÜBT SICH

Seid ihr noch unter 12 Lebensjahren oder in einigen Bundesländern unter 14 Jahren könnt ihr auch ohne einen Fischereischein zum Angeln gehen. Das funktioniert aber nur, wenn ihr am Wasser in Begleitung eines Erwachsenen seid, der einen gültigen Fischereischein und die eventuellen Extralizenzen bei sich hat. Kennt ihr keinen Erwachsenen mit den erforderlichen Lizenzen, könnt ihr in einem Angelverein bei der Jugendgruppe mitangeln. In der Regel hat fast jeder Angelverein einen erwachsenen Jugendleiter mit den nötigen Lizenzen. Der veranstaltet im Jahr verschiedene Angeltermine, an denen ihr auch ohne Fischereischein teilnehmen könnt. Meistens ist der Jahresbeitrag für Kinder unter 12 oder 14 Jahren in den Angelvereinen sehr gering.

...bnisschein zum Fischfang

Rose

Sebastian

...me:

Angelsportverein Preetz und Umgebung e.V.

Erlaubnisschein zum Fischfang
Nr.: P...

Name, Vorname: Rose, Sebastian
Geburtsdatum:

VDSF M...

Der Inhab...

gemäß um...
Die Ze...

Angelsportverein Preetz und Umgebung e.V.

Erlaubnisschein zum Fischfa...

Name, Vorname:
Straße, Nummer.:
PLZ, Ort

Der Inhaber ist...

gemäß u...
Dieser...
Jahres...
Fisch...
mit...
Ve...

SCHLESWIG-HOLSTEIN

Fischereischein

Deu...

Sportfisch...

VDSF

Verbandes D...

Ausw...

Wer in Deutschland allein angeln gehen möchte, muss in den meisten Bundesländern ab dem 12ten Lebensjahr einen Angel- oder Fischereischein besitzen. In vielen Süßwassergewässern sind noch eine Reihe an weiteren Erlaubnisscheinen vonnöten.

Seitdem ich als Angelcoach mit Kindern, Jugendlichen und Erwachsenen am Wasser mit der Angelrute unterwegs bin, habe ich und natürlich auch meine Gäste eine ganze Menge aufregender und amüsanter Erlebnisse gesammelt. Einige meiner Begleiter haben mir mit einem kurzen Text ihre persönlichen Highlights beschrieben, die ich diesem Werk nach Absprache nicht vorenthalten möchte.

ICH FANGE FISCHE

„Mit dem Kescher gehen nur kleine Fische. Eine Angel ist bestimmt besser. Meine Mutter hat mit Sebastian einen Tag ausgemacht. Ich kann dann Angeln. Viele Fische sind sehr schön. Mit der Angel haben wir viele raus geholt. Die sehen sehr unterschiedlich aus. Barsche, Rotaugen und Brassen sind toll, aber die Barsche schmecken am besten. Angeln bringt mir viel Spaß. Wir haben eine Pose und Würmer genommen. Wenn ich groß bin werde ich Angler."

Frederick, 7 Jahre

ALLES VOLLER BARSCHE

„Meine Freundinnen sagen immer Angeln ist doof. Ich finde es toll Fische zu fangen. Das bringt viel Spaß und ist echt aufregend. Mit Sebastian war ich Barsche angeln. Eine Pose die halb aus dem Wasser guckt ist ganz wichtig, um zu sehen ob ein Fisch anbeißt. Wenn die Pose ganz unter Wasser taucht hat der Barsch den Wurm gefressen und ich kann mit der Angel anziehen. Die Fische ziehen auch ganz stark, bei den Großen bin ich froh Hilfe von Sebastian zu bekommen. Wir haben die Kleinen vorsichtig zurück ins Wasser getan. Die großen Barsche hat meine Mama gebraten. Das war sehr lecker, viel besser als Fischstäbchen. Ich hab die selber gefangen."

Lina, 8 Jahre

DER ERSTE FISCH

„Angeln ist echt klasse. Ich habe meine Fischereiprüfung vor ein paar Tagen bestanden. Am Wasser ist es dann aber nicht leicht Fische zu fangen. Bei einem Angelcoaching mit Sebastian an einem Forellensee zeigte er mir, wie ich mit einer Grundmontage und Forellenpaste fischen konnte. Als nach einiger Zeit der Bissanzeiger nach oben schnellte war ich ganz aufgeregt. Unter den guten Ratschlägen von Sebastian setzte ich zur richtigen Zeit den Anschlag. Dann zog da ein Fisch am Ende der Schnur. Ich konnte mir bis dahin gar nicht vorstellen, dass Fische solch eine Kraft haben. Nur weil Sebastian die Bremse von der Angelrolle gut eingestellt hatte, riss die Schnur nicht durch. Mit viel Kraft und Anstrengung gelang es mir den Fisch bis zum Kescher zu ziehen. Als die dicke Forelle an Land lag war ich überglücklich meinen ersten Fisch mit der Angelrute gefangen zu haben."

Marcel, 12 Jahre

ALLES SELBST GEMACHT

„Ich bin ein Mädchen und mag gern angeln. Mit Sebastian war ich an einem großen Teich. Da gab es viel Schilf und Seerosen. Das Auswerfen hat am Anfang nicht geklappt und ich hab etwas geweint. Durch Üben und gute Ratschläge von Sebastian habe ich meinen Wurm unter der Pose genau vor die Seerosen geworfen. Als die Pose untertauchte ging es ganz schnell. Die Angelrute hat sich doll gebogen und der Fisch hat stark gezogen. Das war ganz schön anstrengend und sehr aufregend. Als der Fisch im Kescher am Ufer lag, war ich sehr glücklich. Ich hatte eine wunderschöne grüne und goldene Schlei mit roten Augen gefangen." *Wiebke, 9 Jahre*

RUHE UND ENTSPANNUNG

Robert, 16 Jahre schrieb seine Eindrücke nach einem Tag Hechtcoaching auf einem See in Schleswig-Holstein: „Ich bin dann weg von anderen Menschen und meiner alltäglichen Umgebung, weg von denen, die mich ablenken oder durch die ich mich manchmal eingeengt fühle. Ich bin dann ganz ruhig, bei mir, mitten drin in der mich umgebenden Natur; um mich Vogelschwärme, Wolkenbewegungen, Wellenschlag, Wasserspiegelungen. Das ist sehr entspannend. Und als ich einen Hecht gefangen habe, freute ich mich, dass ich richtig eingeschätzt habe, was ich machen musste, um den Fisch zu fangen."

NACHTSCHWÄRMER

„Ich wollte schon immer mal in der Nacht angeln. Allein darf ich das nicht. Mit Sebastian konnte ich endlich mal zum Nachtangeln los. Als es dunkel geworden war hatte ich schon Muffe. Da waren viele Geräusche um mich herum und ich konnte nicht sehen warum. Sebastian erklärte mir, was für Tiere die unterschiedlichen Geräusche machten und dass viele im Schein der Taschenlampe blitzschnell weg sind. Das Angeln war voll cool. Als meine Pose mit einen Knicklicht das leuchtet unterging, war ich voll aufgeregt. Eigentlich wollte ich sofort anhauen, aber Sebastian riet noch zu warten bis der Fisch den fetten Tauwurm fressen konnte. Der Rollenbügel war offen, so konnte ich im Schein der Taschenlampe sehen, wie der Fisch Schnur von der Spule zog. Dann habe ich den Bügel umgeklappt und ganz doll angeschlagen. Die Angel hat sich richtig gebogen und am anderen Ende hat ein Fisch stark dagegen gezogen. Nach vielem hin und her zerren kam dann ein langer Aal in den Schein der Taschenlampe. Als wir den draußen hatten war ich mächtig Stolz auf meinen tollen Fang."

Peter, 13 Jahre

DER AUTOR

Als Vollblutangler seit dem sechsten Lebensjahr habe ich meine ersten Angelerfahrungen an der Alster in Hamburg gemacht. Damals waren es noch Kaulbarsche und Rotaugen, die mich nach der Schule und den Wochenenden ans Wasser riefen. Mit acht Jahren besuchte ich während der Sommerferien Schweden. Die vielen Seen und Flüsse mit ihrem Fischreichtum waren einmalig und bescherten mir unvergessliche Angelerlebnisse in einer atemberaubenden Natur. Als dann auch noch mein erster Hecht an den Haken ging und sich mit einen spektakulären Sprung aus dem Wasser schraubte, war es um mich geschehen. In den weiteren Jahren meiner Kindheit und Jugend folgten viele spannende Angelerlebnisse.

Ob in Norwegen oder in heimischen norddeutschen Gewässern probierte ich unterschiedliche Angelmethoden aus und steigerte dadurch meine Erkenntnisse rund um die Flossenträger um ein Vielfaches. Auch als junger Erwachsener zog es mich während meiner Ausbildung zum Tischler immer wieder ans Wasser, natürlich mit der Angelrute im Gepäck. In den folgenden Jahren wurde ich zum ersten Mal Vater und fing an, für verschiedene Angelfachmagazine Reportagen zu erstellen. Meine Tochter Jule begleitete mich schon, bevor sie richtig laufen konnte, in einem Trägerucksack zum Heringsangeln an die Flensburger Förde. Neugierig lugte sie von ihrem erhobenen Sitz auf die silbern zappelnden Fische. Während einer weiteren Ausbildung zum staatlich anerkannten Erzieher wurde ich zum zweiten Mal Vater.

Mein Sohn Mattes ist mittlerweile 10 Jahre alt und begeisterter Jungangler, immer bereit, am oder auf dem Wasser die Natur zu erleben und vor allem mit der Angelrute zu fischen. Seit einigen Jahren bin ich selbständig und arbeite als freier Journalist und Angelcoach. Mein Ziel als Angelcoach ist es, Kindern, Jugendlichen und auch Erwachsenen Einblicke in die wunderschöne Natur an oder auf dem Wasser zu geben. Dabei steht das Angeln natürlich im Vordergrund. Ob in skandinavischen Ländern oder Norddeutschland - ich begleite bei einem Angelcoaching Gäste ans Wasser. Zielsetzung ist dabei, dass Teilnehmer mit der Angelrute nach einem Coaching selbständig erfolgreich Fische fangen können. Über die Angelrute hinaus ist einiges weitere zu beachten. Welche Angelmethode wird eingesetzt, mit welchen Ködern angele ich und wie verhalten sich die unterschiedlichen Fischarten zu den verschiedenen Jahreszeiten, sind da nur einige Fragen.
Neben dem Angeln gibt es allerdings auch eine ganze Menge anderer Erlebnisse in der Natur. Den Lebensraum am und im Wasser nutzen viele andere Tiere und Pflanzen, nicht nur Fische. Beim genaueren Betrachten sind viele unterschiedliche Wasserbewohner zu entdecken. Wie jagt der Seeadler da oben und was machen die Flusskrebse da am Grund sind weitere Fragen, die ich während eines Angelcoachings beantworte. Natur erleben am Wasser mit der Angelrute in der Hand ist spannend und macht es uns möglich, in unserem medial überlasteten Zeitalter Verständnis für unsere Ökosysteme zu entwickeln. Ich kann nur jedem Kind, Jugendlichen und Erwachsenen empfehlen, Naturerlebnisse mit der Angelrute zu genießen, um dem Alltagsgeschehen mal für ein paar Stunden den Rücken zu kehren.

Petri Heil wünscht euch
Sebastian („Basti") Rose
www.angelcoach.de

FLORIAN LÄUFER

- Alles zum Trendfisch
- das erste Buch zum Thema
- Spinn- und Fliegenfischen
- Streetfishing
- Geheimtipps der Profis
- tolle Fotos
- unterhaltsam geschrieben

ISBN 978-3-942366-27-4
Hardcover, 224 S., 24,95€

FLORIAN LÄUFER UND CLAUS-PETER JOBSKI

- Pfiffige Tipps und Kniffe
- hilfreicher Ratgeberteil
- tolle Fotos
- leckere Fischrezepte
- so leicht gelingen leckere Fischgerichte

ISBN 978-3-942366-32-8
Hardcover, 176 S., 19,95€